jouets en bois

Texte, créations et croquis
de Daniel Picon

Photos de
Pierre Hériau

**FLEURUS
IDEES**

Editions Fleurus, 31 rue de Fleurus 75006 Paris

FLEURUS IDEES VOUS PROPOSE

DANS LA MÊME SÉRIE

DANS LES AUTRES SÉRIES

Série 100 : Livres et jeux d'activités.
Série 104 : Ouvrages particulièrement orientés sur la connaissance et la découverte de la nature.
Série 105 : Ouvrages présentant des activités variées inspirées du folklore d'un pays du monde.
Série 107 : Spécialement destinée à ceux qui s'occupent des petits jusqu'à 7 ans.
Plans et Modèles et **Acti-Plans :** Plans ou patrons pour réaliser des objets en volume.
L'âge actif : Activités plus particulièrement destinées aux personnes du troisième âge.
Savoir créer : Initiation à l'artisanat et à la pratique de certains « hobbys ».

POUVANT ÊTRE MIS DIRECTEMENT
ENTRE LES MAINS DES ENFANTS

Série 112 : 12 idées de travaux manuels autour d'un thème ou d'un matériau facile.
Premiers essais : Initiation aux activités d'expression.
100 façons de faire : De beaux albums pour de multiples travaux manuels.

Si vous désirez la liste complète de ces ouvrages, adressez-vous à votre libraire ou faites parvenir votre carte de visite aux Editions Fleurus en mentionnant « Demande documentation sur Fleurus-Idées ».

introduction

14984

Beaucoup de revues de bricolage et de livres pour jeunes ont déjà présenté des jouets en bois. Malheureusement, si l'objet est attrayant sur la photo, il est beaucoup plus délicat de le réaliser surtout avec des outils courants. Or, un bon jouet doit être robuste, simple et d'exécution facile.

Pour ces différentes raisons, ce livre propose des jouets — véritables modèles réduits — qui pourtant sont fabriqués avec un minimum de découpes. De ce fait ces jouets sont à la portée de tout bricoleur moyen ; ils sont même réalisables par des jeunes à partir de 10 ou 11 ans. En prenant pour base les modèles proposés ici, ceux-ci pourront du reste créer eux-mêmes des voitures, bateaux, avions ou trains beaucoup plus fantaisistes.

Mais la véritable originalité de ce livre réside en 2 points principaux :

l'utilisation de morceaux de bois standards, tels qu'on peut les trouver couramment chez tous les marchands de bois au détail ;

l'utilisation d'un système uniforme, simple et pratique pour la fabrication et le montage des roues... qui tournent.

C'est l'emploi de ces pièces de bois qui permet de proposer ici des ensembles complets, à l'échelle, avec lesquels les enfants pourront jouer aux trains, avec un parc de voitures, ou à la bataille navale avec les bateaux.

Toutefois sont proposées aussi d'autres réalisations un peu plus élaborées qui feront de merveilleuses maquettes d'exposition.

Ajoutons enfin que le bois, matière noble par excellence, confère toujours aux jouets, même les plus simples, un aspect agréable et une réelle valeur.

3

matériel et quelques principes de base

L'OUTILLAGE

Le matériel de base est constitué d'outils très courants, du type de ceux dont disposent normalement les bricoleurs même débutants.

- Une table solide ou un établi.
- Un étau ou un serre-joint.
- Une scie égoïne.
- Une boîte à onglets et sa scie.
- Une équerre (si possible de menuisier, plus facile à utiliser).
- Un marteau.

- Une râpe à bois ou, mieux, 2 râpes : une forte et une douce.
- Une scie à métaux pour scier la tige filetée (utilisée comme axe des roues).

- Pour effectuer certaines opérations (percer les trous des axes des roues, ou les dégagements de celles-ci dans les carrosseries) une perceuse électrique sera bien pratique.

A défaut, suivant les cas, on pourra utiliser pour les trous des axes une chignole à main, et pour les dégagements un vilebrequin avec une mèche de 34 mm de diamètre (dimension qui se trouve très couramment).

Pour ceux qui peuvent en bénéficier, une perceuse montée sur colonne facilitera énormément la tâche.

20 × 20 ᵐ/ₘ

10 × 40 ᵐ/ₘ

10 × 50 ᵐ/ₘ

Les matériaux

LE BOIS

Le bois utilisé se présente sous forme de **lattes** de 2 mètres de long en général, de sections variées.

Ces lattes sont rabotées (c'est-à-dire déjà lisses). On les trouve chez tous les marchands de bois au détail.

Les sections utilisées sont :

10 mm × 10 mm	20 mm × 20 mm
10 mm × 20 mm	20 mm × 40 mm
10 mm × 30 mm	20 mm × 50 mm
10 mm × 40 mm	30 mm × 50 mm
10 mm × 50 mm	40 mm × 40 mm
15 mm × 15 mm	50 mm × 50 mm
15 mm × 50 mm	

40 × 20 m/m

Pour un atelier collectif, il est préférable de disposer d'un échantillonnage complet de lattes. En effet, puisque plusieurs objets seront réalisés il restera peu de chutes.

Par contre, dans le cas d'un travail individuel certaines dimensions peuvent être supprimées. Par exemple, la latte de 20 mm × 40 mm peut être remplacée par 2 lattes de 10 mm × 40 mm collées entre elles (1).

Dans certains cas on utilisera également :

● Des **baguettes de tourillon** de différents diamètres.

● Des **baguettes quart-de-rond** également de différentes dimensions.

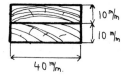

10 m/m
10 m/m
40 m/m

Les collages se feront à la **colle vinylique à bois.**

LES ROUES

Les roues des différents jouets seront réalisées

● à partir d'éléments ronds en bois tels manche à balai ou tringle à rideau en bois très ordinaire de 35 mm de diamètre,

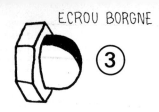

ECROU BORGNE

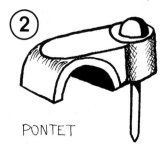

PONTET

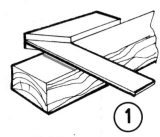

COUPE À 90°

TRACÉ

● ou taillées dans de la volige (planche de 10 mm d'épaisseur et de 10 cm de large employée principalement pour fixer les ardoises).

Pour le montage de ces roues il faudra :

● De la tige filetée de 4 mm de diamètre.

● Des pontets de 5 mm de diamètre (2). Ce sont des petits cavaliers de plastique utilisés habituellement pour fixer les fils électriques (rayon électricité).

● Des écrous ordinaires de 4 mm de diamètre.

● Des écrous borgnes de même diamètre (3).

EN COMPLÉMENT on utilisera parfois :

● des clous tapissier et des cuvettes de vis de 6 mm de diamètre,

● des pitons,

● des clous tête d'homme, etc.

LES FINITIONS se feront au papier de verre et la DÉCORATION soit en peinture soit en pyrogravure (voir page 12).

TECHNIQUE

Le sciage

● Pour scier des petites baguettes, utiliser la boîte à onglets qui permet des coupes correctes à 90° et 45°.

● Lorsque la latte à couper est trop large pour utiliser la boîte à onglets, il faudra tracer l'emplacement de la coupe.

Pour obtenir une coupe correcte à 90°, il sera nécessaire de tracer avec l'équerre sur au moins 2 côtés consécutifs de la latte : un tracé à l'horizontale, un à la verticale (1 et 2).

La coupe en biais se fera – toujours à l'aide de l'équerre – à partir d'une coupe verticale à 90° comme indiqué au croquis 3.

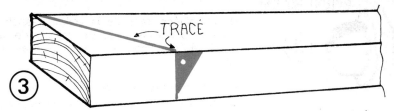

(3)

TRACÉ

COUPE DE BIAIS

Les collages

La colle utilisée est de la colle à bois vinylique blanche, qui sèche en 12 heures mais qui prend en 15 minutes environ.

Les collages s'effectuent (comme tout collage) en mettant bien les surfaces en contact après les avoir enduites de colle.

Pour maintenir les pièces en contact et bien en pression (ce qui est important pour un bon collage) s'aider de ruban adhésif.

Dans certains cas, par exemple pour une petite baguette de 10 mm × 10 mm collée en bout, la surface étant très réduite, le collage est délicat. Aussi on procédera comme suit : planter un clou, couper la tête et, après avoir enduit de colle l'extrémité de la baguette, enfoncer au marteau (croquis 4, A et B).

Le dégagement des roues

Dans la « carrosserie » des jouets à roues, il sera nécessaire de pratiquer des dégagements demi-circulaires.

Pour percer ces dégagements utiliser soit un vilebrequin avec une mèche de 32 mm de diamètre, soit une perceuse électrique avec une mèche de même diamètre. Pour ceux qui peuvent en bénéficier, une perceuse montée sur colonne facilitera énormément la tâche.

Ce travail est délicat, et peut même être relativement dangereux avec une perceuse électrique si on ne procède pas comme indiqué.

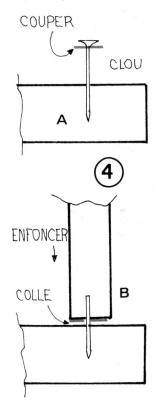

COUPER

CLOU

A

(4)

ENFONCER

COLLE

B

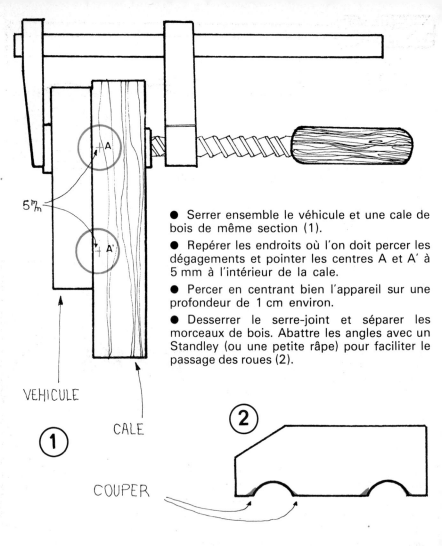

5 mm

● Serrer ensemble le véhicule et une cale de bois de même section (1).

● Repérer les endroits où l'on doit percer les dégagements et pointer les centres A et A' à 5 mm à l'intérieur de la cale.

● Percer en centrant bien l'appareil sur une profondeur de 1 cm environ.

● Desserrer le serre-joint et séparer les morceaux de bois. Abattre les angles avec un Standley (ou une petite râpe) pour faciliter le passage des roues (2).

VEHICULE

CALE

①

COUPER

②

Les roues

Pour tous ces véhicules, par souci de simplicité, on n'utilisera que 3 dimensions de roues, qui suffiront largement pour bus, train, camion, voiture, avion...

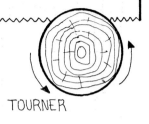

TOURNER

● Des roues de 20 mm de diamètre, coupées dans un manche à balai de 1 cm d'épaisseur environ.

● Des roues de 35 mm de diamètre, coupées dans une tringle à rideau ordinaire, toujours de 1 cm d'épaisseur environ.

Il faut naturellement essayer de couper le plus droit possible pour obtenir la même épaisseur partout. Pour ce faire, scier en tournant le manche ou la tringle (1). Bien sûr, le manche à balai (ou la tringle) doit être resserré chaque fois dans un étau (ou avec un serre-joint sur une table).

● Des roues de 7 cm de diamètre. Il sera nécessaire de les découper dans de la volige : tracer au compas, couper au plus juste à la scie (voir croquis 2, traits de couleur), terminer à la râpe ou à la ponceuse, et adoucir les angles.

LE PERÇAGE DES ROUES

Ces roues, quel que soit le modèle, doivent être percées le plus au centre possible.

Pour les roues de 7 cm, pas de problème : puisqu'elles sont tracées au compas, le centre est donc déjà repéré.

Pour les autres, l'opération est plus délicate.

● Pour faciliter le travail – surtout lorsqu'il y a plusieurs roues à réaliser – il est préférable de découper un cache en carton (bristol) au diamètre des roues. En marquer le centre (en utilisant éventuellement un compas). Poser ce

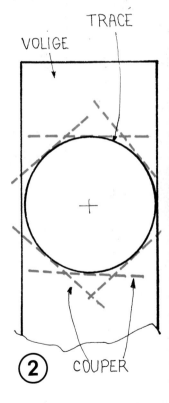

TRACÉ

VOLIGE

COUPER

9

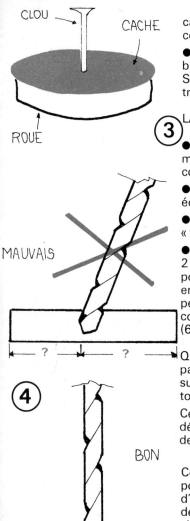

CLOU

CACHE

ROUE

MAUVAIS

④

BON

cache sur la roue et, avec un clou, marquer le centre dans le bois (3).

● Percer avec une mèche de 4 mm. Veiller à bien percer d'équerre par rapport à la roue (4). Si l'on dispose d'une perceuse sur support, ce travail est largement facilité.

③ LA FIXATION DES ROUES

● Les roues sont fixées sur un axe : un morceau de tige filetée de 4 mm de diamètre coupé à la longueur désirée.

● Les roues sont bloquées sur l'axe avec un écrou ordinaire et un écrou borgne (5).

● Ces roues, avec leur axe, forment un « train ».

● Chaque train est fixé sous le véhicule avec 2 pontets de 5 mm de diamètre (ou 3 pontets pour les très larges). La différence de 1 mm entre le diamètre des pontets et celui de l'axe permet à celui-ci de tourner librement, et par conséquent au véhicule de rouler parfaitement (6).

Quelquefois, selon le véhicule, le train ne sera pas fixé directement sous la carrosserie mais sur une cale intermédiaire, pratiquement toujours de 1 cm d'épaisseur.

Ces cales ont pour largeur la distance entre 2 dégagements de façon à obtenir un maximum de portée pour les axes (7).

Ce mode de fixation étant constamment utilisé pour la réalisation des modèles proposés, afin d'éviter des répétitions fastidieuses lors de la description des jouets, nous mentionnerons simplement dans la nomenclature du matériel :

1. Le diamètre des roues, ce qui sous-entendra leur découpe dans l'un ou l'autre des matériaux indiqués ci-dessus.

2. La longueur de l'axe utilisé – soit celle du tronçon de tige filetée.

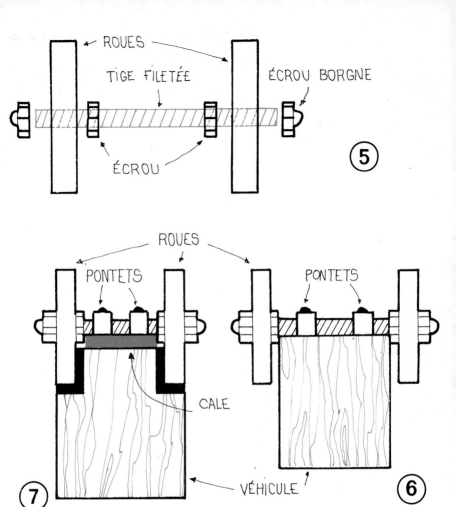

ROUES

TIGE FILETÉE

ÉCROU BORGNE

ÉCROU

(5)

ROUES

PONTETS

PONTETS

CALE

VÉHICULE

(7)

(6)

3. Le matériel de montage, ce qui sous-entendra les écrous simples et borgnes, et les pontets.

11

La fixation de certains détails

Pour réaliser certains petits éléments tels bouche de canon des navires, pare-brise, freins des vieilles autos, etc., nous utiliserons des allumettes. Nous indiquons ici une fois pour toutes la façon de les fixer dans le bois.

● Planter un clou à l'emplacement prévu, sans l'enfoncer trop profondément. L'ôter.

● Tailler l'allumette en pointe et l'enfoncer bien encollée dans le trou préparé.

Lorsqu'un tronçon de tourillon doit être collé à plat sur une pièce quelconque, donner un léger coup de râpe sur la pièce afin de pratiquer un petit méplat qui facilitera le collage.

Finitions et décoration

Avant de décorer l'objet, il faudra le poncer soigneusement au papier de verre fin en arrondissant légèrement les angles trop vifs.

Pour décorer on peut évidemment peindre l'objet, et nous donnons ici en exemple 3 jouets peints. Mais la pyrogravure est sûrement le moyen le plus simple pour « finir » l'objet tout en lui gardant son bel aspect de bois.

LA PYROGRAVURE (1)

Il faut naturellement posséder un appareil de pyrogravure muni de la pointe 21 dite « pointe universelle ».

Effectuer tous les tracés avec cette pointe.

Pour les surfaces à brunir complètement, commencer par tracer les contours puis remplir la surface délimitée. Cette dernière opération peut s'effectuer avec le côté biseauté de la pointe universelle ou en utilisant la

(1) Pour plus de détails concernant cette pratique voir INITIATION A LA PYROGRAVURE, même Collection.

pointe P 20 conçue spécialement pour cet usage.

Eventuellement, passer ensuite une couche de vernis (utiliser un vernis à bois ordinaire incolore, mat ou brillant selon le goût de chacun).

LA PEINTURE

La peinture utilisée est de la laque glycérophtalique ordinaire dont on passera 2 couches.

Pour les **véhicules,** le dessous de caisse est peint en noir, le véhicule proprement dit au choix de chacun.

Les roues sont peintes en noir pour simuler le pneu, et en blanc, alu ou de la même couleur que la carrosserie selon le goût de chacun pour la jante (1).

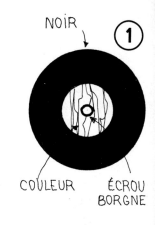

NOIR

① COULEUR   ÉCROU BORGNE

Les **parties vitrées** des véhicules sont soit peintes en blanc, soit réalisées avec des étiquettes adhésives.

Avec ce système, la peinture de la carrosserie est facilitée car on peut tout peindre uniformément, les étiquettes étant collées par-dessus après séchage complet.

Pour agrémenter ces vitres, les décorer de reflets au crayon-feutre. Pour cela, tracer un contour à 2 mm environ à l'intérieur de l'étiquette (2). Tracer 2 ou 3 zones de biais et en noircir 1 sur 2 (3).

② TRACÉ AU FEUTRE

③

Pour inscrire le **texte sur les camions publicitaires,** utiliser le crayon-feutre ou les lettres transfert sur des étiquettes adhésives de couleur.

POUR UN ATELIER COLLECTIF

Il n'est pas nécessaire d'augmenter considérablement le nombre des outils. Pour un atelier collectif de 10 personnes, par exemple, une seule perceuse (ou un seul vilebrequin) est suffisant. De même une seule scie à métaux pour scier les axes en tige filetée est suffisant.

Par contre il est bon de disposer d'une scie, d'une boîte à onglets et d'une râpe pour 2 participants.

L'installation ne requiert pas non plus de matériel spécialisé : des tables solides et peu fragiles conviennent parfaitement. Toutefois il est préférable de disposer de tables différentes pour le sciage et pour les montages et collages.

Sur le plan des matériaux il est évident que dans le cadre d'un atelier collectif l'assortiment de bois sera plus efficacement utilisé. En effet, les lattes étant vendues en 2 mètres de long, elles permettent de réaliser plusieurs jouets. Dans le cas d'un travail individuel, il est peu économique d'acheter 1 barre de 2 mètres pour réaliser un jouet qui utilisera une seule longueur de 25 à 30 cm.

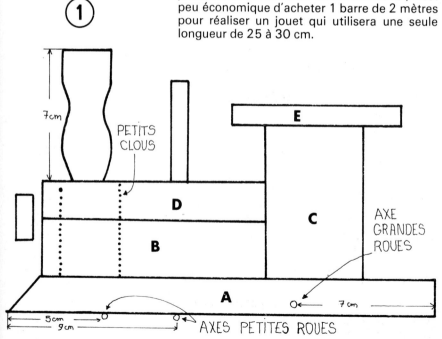

les trains

LE TORTILLARD ET SES WAGONS

Voir sur la photo pages 36-37.

La locomotive

MATÉRIEL

● Une latte de 20 mm × 40 mm, de 23 cm de long : A.

● Une latte de 30 mm × 40 mm, de 12 cm de long : B.

● Une latte de 40 mm × 40 mm, de 8 cm de long : C.

● Un morceau de quart-de-rond de 20 mm de rayon, à couper ultérieurement.

● Une latte de 40 mm × 10 mm, de 9 cm de long : E.

● Un manche à balai.

● Un morceau de tourillon de 15 mm de diamètre et de 5 cm de long.

● Un clou tapissier et une cuvette de vis de 6 mm de diamètre.

● 4 roues de 35 mm de diamètre.

2 axes de 8 cm.

Matériel pour le montage des roues dont 6 pontets.

● Volige pour découper les grandes roues.

● 2 clous de 3 mm de diamètre et de 30 à 35 mm de long.

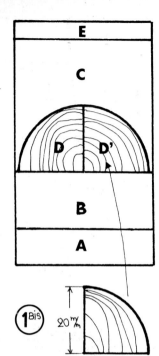

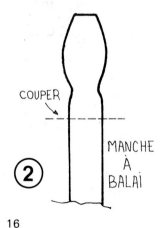

● Petites rondelles.

● Petits clous dorés de 8 mm à tête ronde.

● Un piton fermé en laiton de 1 cm de diamètre.

RÉALISATION

● Couper une extrémité du morceau A en biais à 45° environ. Ce morceau constitue le châssis (1).

● Coller la latte B sur A en faisant coïncider une extrémité avec l'angle coupé (1 page 14).

● Coller le chevron C verticalement sur A, en butée sur B.

● Sur B coller 2 morceaux D de quart-de-rond. La longueur est celle de la partie B. On obtient ainsi le dessus de la chaudière arrondi (1 et 1 bis).

● Sur la cabine C, coller le morceau de latte E bien centré.

● La cheminée principale est l'extrémité d'un manche à balai collée à l'envers à 5 mm de l'avant. Elle mesure environ 7 cm (2).

La 2ème cheminée est constituée par le morceau de tourillon. Elle est collée à 6 cm environ de l'avant de la chaudière.

Pour faciliter le collage de ces 2 cheminées, à l'endroit où elles doivent se poser sur les quarts-de-rond D et D' pratiquer un petit méplat à la râpe qui donnera une meilleure assise.

On peut aussi, pour aller plus vite et éviter de tenir les cheminées pendant le séchage, planter un clou dans celles-ci, couper la tête du clou avec une pince coupante et enfoncer le tout bien encollé sur la chaudière (3).

● A l'avant de la chaudière, coller une rondelle de manche à balai de 1,5 cm (4).

● Clouer dessus en plein centre un clou tapissier doré placé dans une cuvette de vis de 6 mm de diamètre.

● Visser en plein centre de l'arrière du châssis (partie A) le piton qui servira à accrocher les wagons.

LES ROUES

● Les 4 petites roues de l'avant sont montées avec 3 pontets directement sous le châssis (partie A). Le premier train se trouve à 4 cm de l'avant de la partie A, le second à 9 cm (1).

● Les roues arrière sont des roues de 7 cm de diamètre découpées dans de la volige de 1 cm.

Ces roues, une fois percées avec une mèche de 4 mm, sont fixées directement sur la base de la locomotive par un clou de 30 mm de long (1).

Afin que les roues ne frottent pas le long de la cabine, enfiler 1 ou 2 rondelles sur le clou pour qu'elles soient intercalées entre la roue et le châssis.

Pour trouver la hauteur exacte où l'on doit fixer cette roue, poser la locomotive avec les 2 trains avant déjà montés, et placer la roue arrière de telle sorte que la locomotive reste bien horizontale. Presser sur le clou pour marquer l'endroit où il sera planté. Dans le sens de la longueur ce clou est planté à environ 7 cm de l'arrière de la locomotive.

LE DÉCOR

● Décorer par pyrogravure la cabine du machiniste, l'avant de la locomotive et les roues. Cerner le haut de la grosse cheminée.

● Pour accentuer l'aspect rustique de ce type de locomotive et imiter les rivets, planter des petits clous dorés sur l'avant de la chaudière (1).

Le wagon-voyageurs

MATÉRIEL

● 2 lattes de 20 mm × 50 mm, de 23 cm de

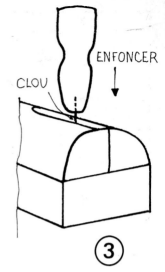

ENFONCER

CLOU

③

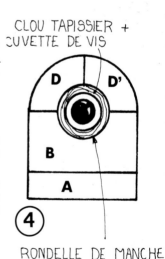

CLOU TAPISSIER +
CUVETTE DE VIS

D   D'

B

A

④

RONDELLE DE MANCHE
À BALAI

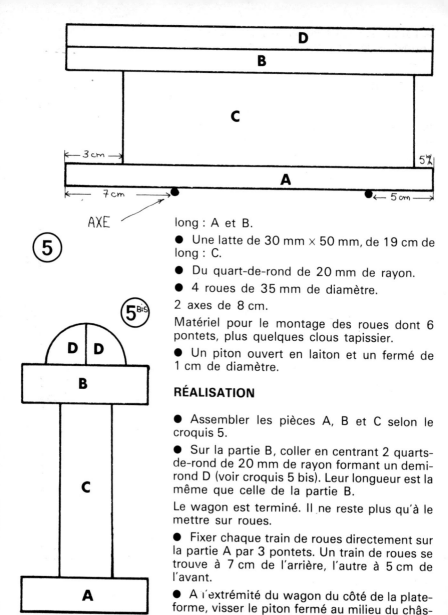

⑤

⑤ʙⁱˢ

AXE

long : A et B.

● Une latte de 30 mm × 50 mm, de 19 cm de long : C.

● Du quart-de-rond de 20 mm de rayon.

● 4 roues de 35 mm de diamètre.

2 axes de 8 cm.

Matériel pour le montage des roues dont 6 pontets, plus quelques clous tapissier.

● Un piton ouvert en laiton et un fermé de 1 cm de diamètre.

RÉALISATION

● Assembler les pièces A, B et C selon le croquis 5.

● Sur la partie B, coller en centrant 2 quarts-de-rond de 20 mm de rayon formant un demi-rond D (voir croquis 5 bis). Leur longueur est la même que celle de la partie B.

Le wagon est terminé. Il ne reste plus qu'à le mettre sur roues.

● Fixer chaque train de roues directement sur la partie A par 3 pontets. Un train de roues se trouve à 7 cm de l'arrière, l'autre à 5 cm de l'avant.

● A l'extrémité du wagon du côté de la plate-forme, visser le piton fermé au milieu du châssis A.

À l'autre extrémité visser le piton ouvert qui permettra de raccorder le wagon à la locomotive.

LE DÉCOR

Marquer par pyrogravure l'emplacement des portes en tête et en queue du wagon. Répartir des fenêtres sur toute la longueur.

Ici toute la surface des roues est pyrogravée.

Le wagon-marchandises

C'est un wagon très simple, qui est en fait une plate-forme pour le transport d'objets longs.

MATÉRIEL

● Une latte de 20 mm × 50 mm, de 22 cm de long.

● Du tourillon de 5 mm de diamètre.

● 4 roues de 35 mm de diamètre.

2 axes de 8 cm de long.

Matériel pour le montage des roues, dont 6 pontets.

● Un piton de laiton ouvert et un fermé de 1 cm de diamètre.

RÉALISATION

● Percer sur le morceau de latte 8 trous de 5 mm selon le croquis 6, à distance égale sur chaque longueur.

● Couper 8 longueurs de 7 cm environ de tourillon de 5 mm de diamètre.

Les enfoncer dans les trous pratiqués précédemment et maintenir par collage.

● Les roues, comme pour le wagon-voyageurs, sont montées directement sous le plateau et fixées à 6 cm de chaque extrémité par 3 pontets.

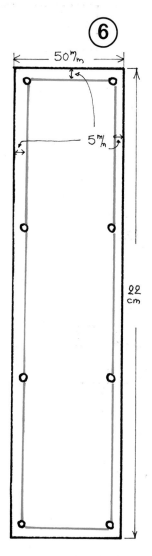

● Fixer à l'avant le piton ouvert et le piton fermé à l'arrière.

● Charger ce wagon avec de belles branchettes.

D'autres idées

Sur ce principe on peut facilement réaliser d'autres wagons en respectant toujours le même type de construction de base, c'est-à-dire un châssis de 20 mm × 50 mm et des roues de 35 mm de diamètre fixées directement sous ce châssis.

Par exemple, sur le modèle du wagon-voyageurs on peut réaliser un fourgon marchandises. Le wagon plate-forme peut devenir un wagon pour transport d'animaux en doublant les barreaux et en mettant un toit.

L'EXPRESS ET SES WAGONS

Voir sur la photo pages 36-37.

La motrice

MATÉRIEL

● Une latte de 50 mm × 20 mm, de 21 cm de long : A.

● Un chevron de 50 mm × 50 mm, de 22 cm de long : B.

● Du quart-de-rond de rayon 20 mm.

● Des chutes de latte de 15 mm × 15 mm.

● 8 roues de 25 mm de diamètre.

4 axes de 5 cm.

Matériel pour le montage des roues.

● Un piton fermé de 1 cm de diamètre.

● 2 clous tapissier et 2 cuvettes de vis de 6 mm de diamètre.

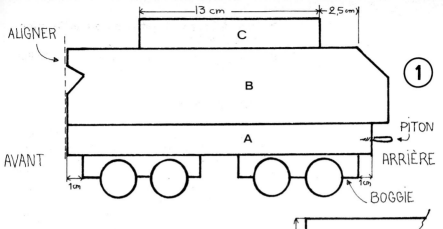

RÉALISATION

● Le morceau A forme le châssis (1).

● Dans le chevron B pratiquer les 2 découpes indiquées aux croquis 2 et 2 bis. Arrondir l'angle X à la râpe. Cette pièce B forme la cabine.

● Coller B sur A selon le croquis 1 en alignant sur l'avant de la cabine.

● Sur le toit de cette motrice coller un demi-rond C formé de 2 quarts-de-rond de 20 mm de rayon. L'ensemble, qui mesure 13 cm, est situé à 2,5 cm de l'arrière du toit.

● La motrice est supportée par 4 trains de 2 roues, soit 8 en tout.

Les roues ne sont pas fixées directement sur le châssis mais sur une cale intermédiaire, par 2 pontets.

2 trains de roues forment un boggie. L'axe de chaque train sur chaque boggie est séparé de 4 cm.

Attention : en raison du risque d'éclatement du bois lors du clouage des pontets, il est préférable de les fixer avant de scier la cale, c'est-à-dire de procéder comme suit :

sur une latte de 15 mm × 15 mm, à 2,5 cm

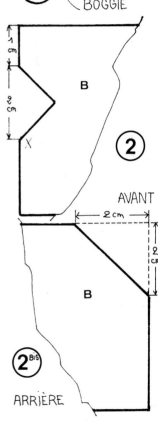

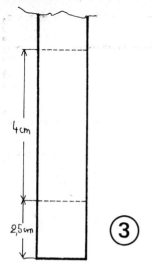

environ de l'extrémité, repérer l'emplacement du premier axe et à 4 cm de celui-ci l'emplacement du 2ème (3) ;

pour être sûr que l'axe ne sera pas de biais, le poser sur le tracé et planter les 2 pontets ;

scier ensuite la latte à 2,5 cm du 2ème train.

Réaliser ainsi 2 ensembles, qui formeront donc 2 boggies de 4 roues.

● Coller chaque boggie sous la motrice, bien centré en largeur et à 1 cm de chaque extrémité (1).

● Planter le piton fermé de 1 cm de diamètre sur le châssis (partie A) à l'arrière de la motrice.

● Les 2 phares sont des clous tapissier plantés au centre d'une cuvette de vis de 6 mm de diamètre.

● Poncer et décorer en s'inspirant de la photo.

Les wagons-voyageurs

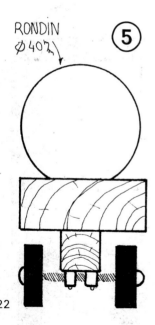

Les 2 wagons présentés sur la photo sont réalisés de la même façon, seule la décoration change.

MATÉRIEL POUR UN WAGON

● Une latte de 20 mm × 50 mm, de 21 cm de long : A.

● Une latte de 50 mm × 50 mm, de 21 cm de long : B.

● 2 morceaux de quart-de-rond de 20 mm de rayon et de 21 cm de long : C.

● Des chutes de latte de 15 mm × 15 mm.

● 4 roues de 25 mm.

2 axes de 5 cm.

Matériel pour le montage des roues.

● Un piton ouvert et un piton fermé de 1 cm de diamètre.

22

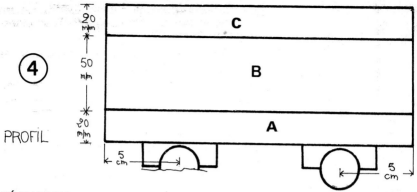

PROFIL

RÉALISATION

● Coller les pièces A, B et C selon les croquis 4 et 4 bis.

● Les 4 roues se montent comme celles de la motrice sur des chutes de latte de 15 mm × 15 mm. Les axes sont situés à 5 cm des extrémités du wagon.

● Fixer sur le châssis A un piton ouvert à l'avant et un piton fermé à l'arrière.

● Décorer après avoir poncé au papier de verre.

D'autres idées

On remarquera que la locomotive et le wagon-voyageurs sont construits sur la même base, c'est-à-dire un châssis (A) avec des trains de roues montés sur des morceaux de latte de 15 mm × 15 mm.

A partir de cette base, on pourra construire d'autres wagons à condition de respecter ce châssis de 50 mm × 20 mm et de 21 cm de long, monté sur 2 trains de roues.

Sur un tel châssis on peut, par exemple, coller un gros rondin de bois (branche) de 40 mm de diamètre environ et obtenir ainsi un wagon-citerne (5). On peut aussi construire une grue, etc.

WAGON-VOYAGEURS

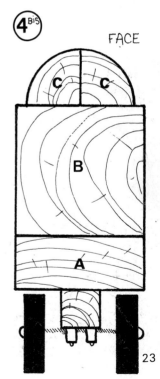

FACE

23

les véhicules automobiles

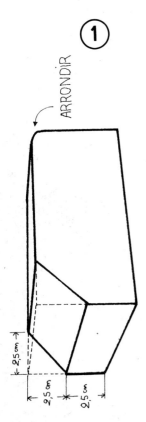

ARRONDIR

①

2,5 cm
2,5 cm
2,5 cm

Dans ce chapitre, on trouvera 2 groupes d'engins :

tout d'abord une série de petites voitures, camionnettes, camions, etc., tous à la même échelle, qui constituent une série du type « jouets »,

puis 3 voitures anciennes plus élaborées qui relèvent plutôt de la catégorie « maquettes ».

LA CAMIONNETTE

Voir sur la photo ci-contre.

MATÉRIEL

● Un chevron de 50 mm × 50 mm, de 15 cm de long : A.

● Une latte de 10 mm × 30 mm, de 13 cm de long : B.

● 4 roues de 35 mm de diamètre et de 1 cm d'épaisseur (environ).

2 axes de 6 cm de long.

Matériel pour le montage des roues.

● 2 clous tapissier en laiton et 2 cuvettes de vis de 6 mm.

RÉALISATION

● Couper sur 2,5 cm de chaque côté l'angle d'une des extrémités du morceau A (1). Tracer avant de couper.

DEMENAGEMENTS
- TOUTES DISTANCES -
TEL 13.14

PROFIL

②

VUE DE DESSOUS

|← 3cm →| |← 3,5 cm →|

A l'extrémité opposée (qui sera l'arrière du véhicule) arrondir à la râpe puis finir au papier de verre.

● Percer l'emplacement des roues en procédant comme indiqué page 9. L'axe arrière se trouve à 3,5 cm de l'arrière. Celui de l'avant à 3 cm de l'avant. On obtient ainsi la vue de profil (2).

● Sous la camionnette et bien centré, coller le morceau de latte B (3).

● Fixer les axes des roues avec 2 pontets par axe à l'avant et à l'arrière, en les centrant par rapport au passage des roues (4).

● Fixer les roues avec un écrou ordinaire et un écrou borgne selon le procédé décrit page 10.

BAGUETTE DE 30ᵐ/ₘ

③

④

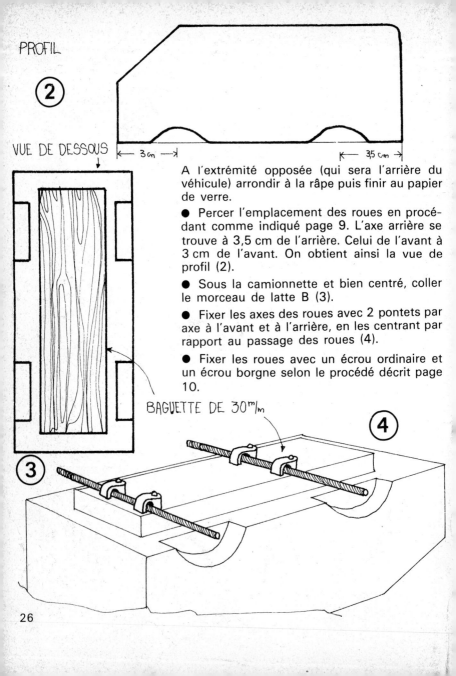

RAPID' FRET

● La camionnette est terminée. Il ne reste plus qu'à la décorer selon votre imagination ou en s'inspirant de la photo et en utilisant un appareil de pyrogravure.

On peut toutefois la perfectionner en y ajoutant :

2 phares à l'avant : ce sont des clous tapissier en laiton enfoncés au centre d'une cuvette de vis de 6 mm.

Un pare-chocs fait d'un petit morceau de balsa de 4 mm × 4 mm (qui peut être remplacé par un petit morceau de branche poncé).

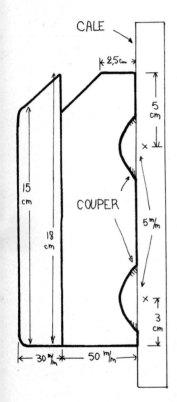

Variante : le camping-car

Voir sur la photo page 31.

Le construire comme la camionnette et dans les mêmes matériaux (voir les dimensions sur le croquis ci-contre).

La cabine rehaussée est formée par une latte de 30 mm × 50 mm coupée à 45°.

LA CAMIONNETTE DU BOUCHER

Voir sur la photo page 31.

MATÉRIEL

● Une latte de 50 mm × 50 mm, 7 cm de long : A.

● Une latte de 20 mm × 40 mm, de 8,5 cm de long (B) et une de 5 cm (C).

● Une latte de 10 mm × 30 mm, de 13,5 cm de long : D.

● Ecrous.

● 4 roues de 35 mm de diamètre et de 7 mm de large.

2 axes de 6,5 cm.

Matériel pour le montage des roues.

- 2 cuvettes de vis de 4 mm et des clous tête d'homme.
- Peinture rouge et noire.
- Etiquettes autocollantes.

RÉALISATION

- Couper légèrement de biais l'avant de la latte B (1).
- Couper à 45° l'avant de la latte C (2).
- Coller C sur B et coller l'ensemble sur la tranche de A (2). Aligner le bas de B avec A. Bien centrer l'avant de la voiture sur la tranche.
- Après séchage de la colle, pratiquer le dégagement des roues en respectant le croquis 3.
- Coller le morceau D en le centrant entre le dégagement des roues sous la voiture.
- Fixer sur D les axes de tige filetée par 2 pontets chacun. Bien mettre en position pour que les roues soient centrées dans les dégagements. Visser les écrous.
- Fixer les pare-chocs par 2 clous tête d'homme : ce sont des brindilles de 3 à 4 mm de diamètre qui dépassent un peu la largeur de la carrosserie.

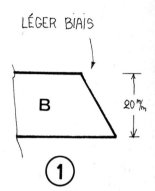

LÉGER BIAIS

B

20 m/m

①

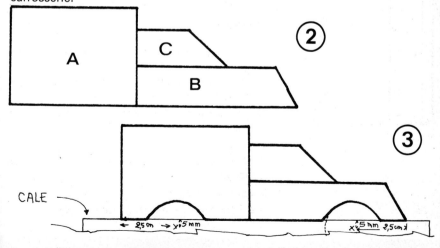

A

C

B

②

③

CALE

25 cm

5 mm

5 mm 2,5 cm

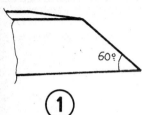

- Poncer en arrondissant les angles.

- Peindre la carrosserie en rouge. Après séchage coller les étiquettes pour les vitres : sur les portes avant, le pare-brise et les 2 portes de l'arrière.

Les roues sont peintes en rouge pour la jante et en noir pour les pneus.

- Peindre les pare-chocs en peinture argentée.

- Poser les cuvettes de vis à l'avant à l'emplacement des phares.

LA 4 L

Voir sur la photo page 25.

Encore un véhicule simple, la forme de la 4L Renault permettant par ses lignes assez carrées une réalisation à la portée de tous.

MATÉRIEL

- Un morceau de baguette de 20 mm × 40 mm, 12 cm de long : A.

- Un morceau de baguette de 25 mm × 40 mm, 8 cm de long : B.

- 4 roues de 20 mm de diamètre et de 7 mm de large.

2 axes de 5,5 cm.

Matériel pour le montage des roues.

- 2 clous tapissier en laiton.

RÉALISATION

- Couper une des extrémités de la baguette A à environ 60° (1).

- Couper les extrémités de la baguette B selon le croquis 2. Les angles sont approximatifs.

- Coller la pièce B sur la pièce A en alignant l'arrière. Il est peu probable que les 2 angles

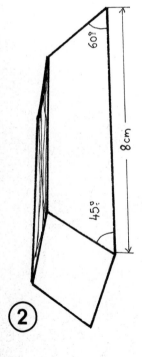

de coupe de la partie A-B soient identiques. Aussi, après séchage de la colle, il faudra rectifier l'alignement à la râpe (3 page 32).

● Réaliser le dégagement des roues selon le procédé indiqué page 7.

● Fixer les axes des roues à 2,5 cm de l'avant et 3 cm de l'arrière (4).

● Fixer les roues sur leur axe. Selon l'importance du dégagement des roues, il sera peut-être nécessaire de mettre des cales sous l'axe.

C'est le cas du modèle présenté ici : les cales sont constituées par 2 petites pièces de bois mince (taillées dans une boîte à fromage en bois) de la largeur exacte de l'espace compris entre les dégagements des roues et de 3 cm de long environ. Bien les coller avant de clouer les pontets (5).

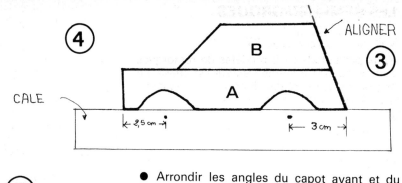

④ ③ ALIGNER

B

A

CALE

← 2,5 cm → · 3 cm →

⑤

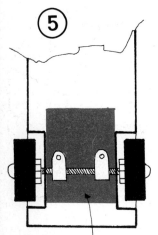

BOÎTE À FROMAGE

● Arrondir les angles du capot avant et du haut de l'habitacle (6).

● Il ne reste plus qu'à fixer un pare-chocs à l'avant et à l'arrière. Ils sont réalisés avec un morceau de balsa de 3 cm × 3 cm, et dépassent légèrement chaque extrémité de la carrosserie. A défaut utiliser une petite branche bien droite de même dimension.

● Les phares sont des clous tapissier en laiton.

● La décoration est réalisée à la pyrogravure selon la photo ou des documents.

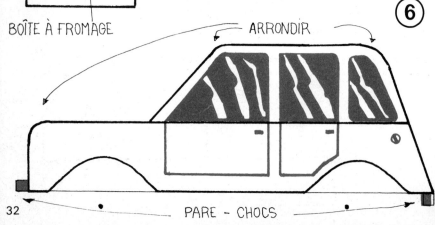

ARRONDIR ⑥

BOÎTE À FROMAGE

32 PARE - CHOCS

LES SEMI-REMORQUES

Voir sur la photo page 27.

Nous présentons ici 2 modèles de remorques pour lesquelles le même tracteur est utilisé. En s'inspirant de ces réalisations, on peut évidemment inventer d'autres modèles.

Le tracteur

MATÉRIEL

● Un chevron de 40 mm × 40 mm, de 5,5 cm de long : A.

● Un chevron de 40 mm × 20 mm, de 5 cm de long : B.

● Une rondelle de manche à balai.

● 4 roues de 35 mm de diamètre.

Un axe de 5,5 cm et un de 7,5 cm.

Matériel pour le montage des roues.

● 2 clous tapissier en laiton de 1 cm de diamètre.

RÉALISATION

● Couper un pan dans le chevron A selon le croquis 1. Cette pièce constitue la cabine.

● Coller le morceau B au bas de la cabine selon le croquis 2.

● Pratiquer le dégagement des roues avant dans la cabine (3)

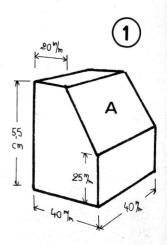

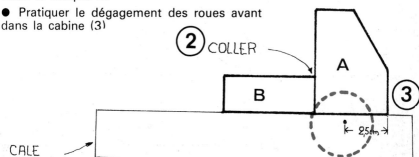

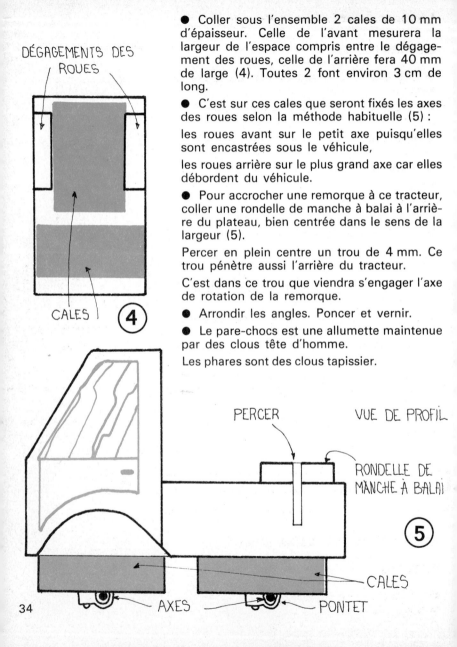

DÉGAGEMENTS DES ROUES

CALES

(4)

● Coller sous l'ensemble 2 cales de 10 mm d'épaisseur. Celle de l'avant mesurera la largeur de l'espace compris entre le dégagement des roues, celle de l'arrière fera 40 mm de large (4). Toutes 2 font environ 3 cm de long.

● C'est sur ces cales que seront fixés les axes des roues selon la méthode habituelle (5) :

les roues avant sur le petit axe puisqu'elles sont encastrées sous le véhicule,

les roues arrière sur le plus grand axe car elles débordent du véhicule.

● Pour accrocher une remorque à ce tracteur, coller une rondelle de manche à balai à l'arrière du plateau, bien centrée dans le sens de la largeur (5).

Percer en plein centre un trou de 4 mm. Ce trou pénètre aussi l'arrière du tracteur.

C'est dans ce trou que viendra s'engager l'axe de rotation de la remorque.

● Arrondir les angles. Poncer et vernir.

● Le pare-chocs est une allumette maintenue par des clous tête d'homme.

Les phares sont des clous tapissier.

PERCER

VUE DE PROFIL

RONDELLE DE MANCHE À BALAI

(5)

CALES

AXES

PONTET

34

Le plateau « transport d'engins »

MATÉRIEL

● Une latte de 20 mm × 50 mm, de 19 cm de long : A.
● Une latte de 10 mm × 15 mm, de 5 cm de long : B.
● Une latte de 10 mm × 50 mm, de 6 cm de long : C.
● 2 roues de 35 mm de diamètre et 1 cm d'épaisseur.
Un axe de 8 cm.
Matériel de montage des roues dont 3 pontets.
● Un clou tête d'homme de 25 mm de long.

RÉALISATION

● Assembler les 3 pièces de bois A, B et C selon le croquis 6.

● Les roues de cette remorque sont extérieures, donc l'axe sera fixé par 3 pontets directement sur la remorque à environ 4 cm de l'arrière (7).

● Sous la partie surélevée de l'avant, planter le clou tête d'homme qui servira d'axe d'accrochage au tracteur. Il est placé à 1 cm de l'avant, bien centré dans la largeur.

● Poncer et vernir.

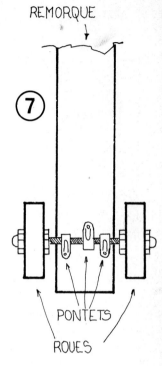

REMORQUE

⑦

PONTETS

ROUES

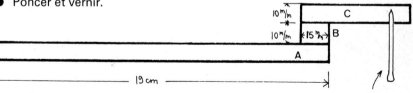

6 cm

10 m/m

C

10 m/m

15 m/m

B

A

19 cm

⑥

CLOU

La remorque « marchandises »

MATÉRIEL

● Un chevron de 50 mm × 50 mm, de 21 cm de long : A.

● Un chevron de 30 mm × 50 mm, de 16 cm de long : B.

● 2 roues de 35 mm de diamètre et de 1 cm d'épaisseur.

Un axe de 6 cm.

Matériel de montage des roues.

● Un clou tête d'homme de 25 mm.

RÉALISATION

● Coller les 2 pièces A et B en alignant une extrémité. Arrondir le haut de la remorque (8).

● Percer le dégagement des roues, le centre se trouvant à 3 cm de l'arrière de la remorque.

● Coller sur la surface comprise entre les 2 dégagements une cale de 10 mm d'épaisseur et de 4 cm environ (9).

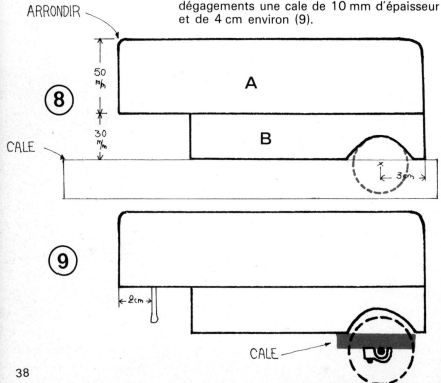

● Sur cette cale, fixer l'axe avec 2 pontets. Monter les roues.

● Décorer selon votre imagination à la pyrogravure.

● Planter le long clou tête d'homme à l'avant de la remorque, centré en largeur et à 2 cm environ de l'extrémité avant.

LE CAMION DE DÉMÉNAGEMENTS

Voir sur la photo page 23.

MATÉRIEL

● Un chevron de 50 mm × 50 mm, de 27 cm : A.

● Un chevron de 50 mm × 50 mm, de 22 cm : B.

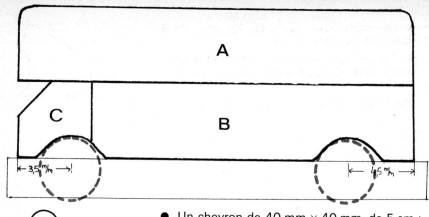

(1)

● Un chevron de 40 mm × 40 mm, de 5 cm : C.

● 4 roues de 35 mm de diamètre et 1 cm d'épaisseur.

2 axes de 6,5 cm.

Matériel pour le montage des roues.

● 2 clous tapissier en laiton et 2 cuvettes de vis de 6 mm de diamètre.

RÉALISATION

● Coller les morceaux A et B l'un sur l'autre en alignant à une extrémité (1). Arrondir les angles supérieurs.

● Dans la pièce C couper un pan à 45° environ selon le croquis 2. Ce morceau constitue la cabine.

● Coller cette cabine dans l'angle creux de la partie réalisée précédemment en centrant bien en largeur : on obtient un camion comme sur le croquis 1.

● Percer le dégagement des roues. Un axe se trouve à 4,5 cm de l'arrière, l'autre à 3,5 cm de l'avant (1).

● Fixer les roues sur les axes. Ces axes ne sont pas fixés directement sous le camion mais sur une cale intermédiaire de 10 mm d'épaisseur et d'une largeur correspondant à l'espace compris entre les 2 dégagements.

● Les phares sont des clous tapissier cloués dans des cuvettes de vis.

● Poncer l'ensemble. Décorer selon la photo au crayon-feutre ou à la pyrogravure. Vernir.

Variante : le camion isotherme

Voir sur la photo page 31.

Il se construit comme le camion de déménagements mais sans aucune avancée au-dessus de la cabine. Voir les dimensions sur le croquis ci-contre.

Ajouter un second train de roues à l'arrière.

LE TRACTEUR ET SA REMORQUE

Voir sur la photo page 39.

Le tracteur

MATÉRIEL

● Une latte de 40 mm × 10 mm, de 14,5 cm de long : A.

● Un chevron de 40 mm × 40 mm, de 10 cm de long : B.

● Une latte de 20 mm × 40 mm à couper ultérieurement.

● Quelques petites chutes pour les détails.

● Un morceau de tourillon de 15 mm de diamètre, de 5 cm de long.

● Un morceau de demi-rond de 15 mm de diamètre et de 7 cm de long.

● Volige (pour découper les grandes roues).

● 2 roues de 35 mm de diamètre et de 1 cm d'épaisseur.

Un axe de 7,5 cm et un de 9,5 cm.

Matériel de montage pour les roues, dont 5 pontets.

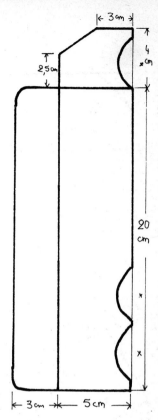

LE CAMION ISOTHERME

● 2 pitons fermés en laiton de 1 cm de diamètre.

RÉALISATION

● Le morceau A constitue le châssis.

● Dans le morceau B couper un angle selon le croquis 1. Cette partie constitue le bloc moteur.

● Coller B sur A. Le bloc moteur est légèrement en retrait par rapport à l'extrémité du châssis (2).

● A l'arrière coller un bloc C, coupé dans une latte de 20 mm × 40 mm de longueur telle qu'il s'aligne avec l'arrière du châssis (2).

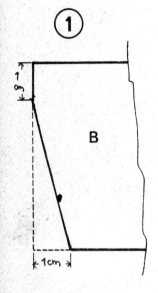

● Sur ce bloc coller le siège, bien centré qui s'aligne avec l'arrière du tracteur. Ce siège est réalisé avec un petit cube coupé dans une latte de 15 mm × 15 mm, le dossier étant une baguette de 15 mm × 10 mm de 3 cm de long (3 page 44).

Sur le moteur, coller à l'avant verticalement le morceau de tourillon pour faire la cheminée.

Agrémenter le dessus du capot d'une baguette en demi-rond allant de la cheminée au tableau de bord (3).

● Les roues sont de 2 dimensions, les tracteurs ayant toujours les roues arrière (motrices) plus grosses que celles (de direction) à l'avant.

● Les roues avant de 35 mm de diamètre, sont montées sur un axe de 8 cm.

Ce train de roues n'est pas fixé directement sous le tracteur. Coller à 5 mm en retrait par rapport à l'avant du châssis un morceau de latte de 15 mm × 15 mm, légèrement plus

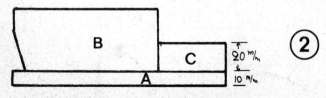

large que le châssis (45 mm par exemple). Voir croquis 3.

Y fixer le train de roues avant selon la méthode habituelle.

● Les roues arrière de 7 cm de diamètre sont coupées dans une volige. Les monter sur l'axe de 9 cm.

Ce train arrière est fixé directement sous le châssis, sans cale du fait de la différence de diamètre avec les roues avant. Fixer l'axe à 3 cm environ de l'arrière du tracteur, avec 3 pontets.

Le tracteur est terminé. Il ne reste plus qu'à le décorer et à visser 2 pitons fermés dans le châssis, à l'avant et à l'arrière, pour accrocher la remorque.

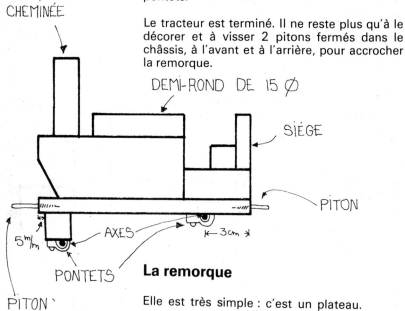

La remorque

Elle est très simple : c'est un plateau.

MATÉRIEL

● Une latte de 40 mm × 10 mm, de 18 cm de long.

● 2 petits morceaux de latte de 15 mm × 15 mm, de 4 cm de long.

● 4 roues de 35 mm de diamètre et de 1 cm d'épaisseur.

2 axes de 9 cm.

Matériel de montage des roues.

● Un piton ouvert en laiton de même taille que les pitons fermés du tracteur.

RÉALISATION

● Coller les 2 petits carrés sous la latte qui forme le plateau, à 3,5 cm de chaque extrémité (4).

● Fixer les 4 roues sous ces carrés.

● Visser le piton ouvert à l'une des extrémités.

LE TACOT DÉCAPOTABLE

Voir sur la photo page 49.

C'est une voiture plus élaborée, plus complexe à réaliser que les objets précédents, qui constitue une très belle maquette d'exposition.

MATÉRIEL

● Un assortiment de lattes de différentes dimensions à découper suivant les indications ci-dessous.

● Quart-de-rond de 20 mm de rayon.

● Volige de 10 mm × 100 mm.

● Tourillon de 5 mm et de 15 mm de diamètre.

● Allumettes.

● 2 axes de 9 cm de long.

Matériel pour le montage des roues.

● Clous tapissier en laiton et cuvettes de vis de 6 mm de diamètre.

● Une rondelle de manche à balai.

RÉALISATION

● Couper un morceau A de 10 mm × 50 mm, de 23 cm. Il constitue le châssis (1 page 47).

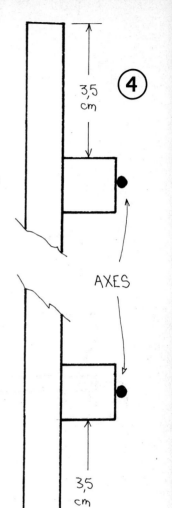

AXES

PITON OUVERT

● Couper un morceau de chevron B de 50 mm × 50 mm, de 8 cm de long pour former la carrosserie arrière. Ce morceau est coupé de biais à une extrémité selon le croquis 1. Arrondir légèrement l'angle.

● Le siège C est formé d'un morceau de 10 mm × 40 mm, de 5 cm de long, et d'un morceau D de 20 mm × 20 mm, de même longueur.

● Le bloc moteur E est un morceau de chevron de 30 mm × 50 mm, de 7 cm de long. Le coller à 1 cm de l'avant du châssis A.

● Sur ce bloc E, coller 2 morceaux de quart-de-rond F de 2 cm et de 7 cm de long (2).

Attention : il est préférable de coller les 2 morceaux F sur le bloc E, d'attendre le séchage et de poncer les 2 extrémités, puis de coller ensuite le tout sur le châssis.

● Les ailes sont réalisées avec des morceaux de latte de 10 mm × 30 mm.

Couper en double les morceaux G, H, I, J, K à 45° à chaque extrémité selon les dimensions du croquis 3.

Le point de repère pour le collage de l'aile est le coin du bloc moteur et du châssis (X). C'est de ce point qu'il faudra partir pour le montage en collant le morceau G. Continuer selon le croquis 3.

Pour coller, coucher le véhicule sur le côté.

● Les phares collés sur les ailes avant sont 2 morceaux de tourillon de 15 mm de diamètre, de 2 cm de long. Sur une tranche clouer un clou tapissier en laiton au milieu d'une cuvette de vis.

● Le volant est une rondelle de manche à balai de 1 cm d'épaisseur. Au centre, planter un clou de 3 cm de long.

Planter l'ensemble en biais, dans le tableau de bord sur le joint des quarts-de-rond F et du bloc E (1).

● Avec 2 allumettes de 4 cm réaliser les poignées des freins, énormes à cette époque.

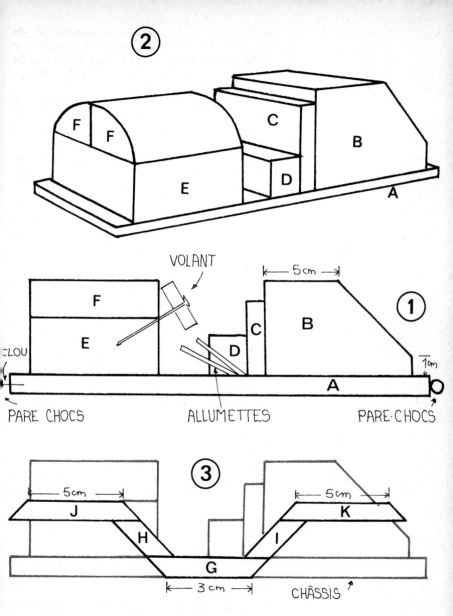

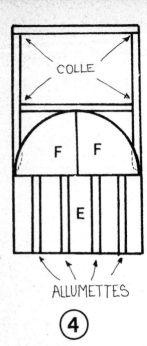

COLLE

F F

E

ALLUMETTES

(4)

Elles sont collées sur le bloc D du siège (1).

● Les pare-chocs sont des morceaux de tourillon de 5 mm de diamètre, de 8 cm de long. Ils sont soit collés directement en bout du châssis A, soit fixés légèrement en avant avec des petits clous (1).

● Les roues, de 7 cm de diamètre, sont découpées dans de la volige. Elles sont montées selon la technique habituelle et fixées directement sous le châssis A avec 2 ou 3 pontets.

Les centrer par rapport aux ailes déjà mises en place.

● Le pare-brise est réalisé en allumettes selon le croquis 4.

● Le radiateur, à l'avant, est représenté par 4 allumettes de 3 cm de long collées à distance égale sur le bloc E.

Le bouchon du radiateur est un clou tapissier.

● Décorer à la pyrogravure selon son imagination ou selon la photo. Vernir l'ensemble.

LA VOITURE « BELLE ÉPOQUE »

Voir sur la photo de couverture et page 53.

Cette voiture est à la même échelle que le tacot décapotable présenté page 45.

MATÉRIEL

● Un assortiment de lattes de différentes dimensions à découper ultérieurement.

● Quart-de-rond de rayon 20 mm.

● Tourillon de 5 mm de diamètre et 15 mm de diamètre.

● Volige.

● 2 axes de 10 cm de long.

● Matériel pour le montage des roues.

● Clous tapissier en laiton et cuvettes de vis de 6 mm de diamètre.

● Quelques allumettes.

● Une rondelle de manche à balai.

RÉALISATION

● Couper un morceau A de 50 mm × 10 mm, de 25 cm de long. Il constitue le châssis (1 page 52).

● Couper un morceau B de 50 mm × 30 mm, de 9 cm de long. Coller sur A à 5 mm de l'avant.

● Sur B coller 2 morceaux de quart-de-rond de 9 cm de long également, pour former le capot moteur arrondi (C).

● Rectifier les assemblages à la râpe et coller D, morceau de 50 mm × 10 mm de même hauteur que B – C. D constitue le tableau de bord,

● Couper E en 20 mm × 20 mm, de 50 mm de long. Coller transversalement à 2 cm du tableau de bord D. Cette pièce E figure le siège.

● Le dossier F est un morceau de 10 mm × 30 mm, de 5 cm de long. Le coller sur la tranche (1).

● L'habitacle proprement dit est constitué par un morceau de 20 mm × 50 mm (G) et un autre de 50 mm × 50 mm (H) de 11 cm de long chacun et collés ensemble. Le tout est collé debout sur le châssis A et en butée sur le dossier du siège F.

● La malle arrière J est un bloc de 30 mm × 50 mm, de 4 cm de long, coupé en biais selon le croquis 1.

● Le toit K est un morceau de 10 mm × 50 mm, de 12 cm de long, qui déborde à l'avant de 4 cm environ de l'habitacle.

Le corps de la voiture est ainsi terminé.

● Les ailes sont des morceaux de latte de 10 mm × 30 mm coupés à 45° et assemblés selon le croquis 2 page 52.

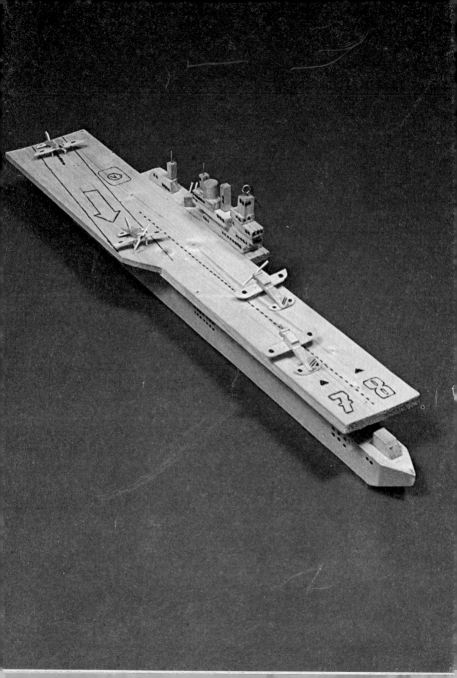

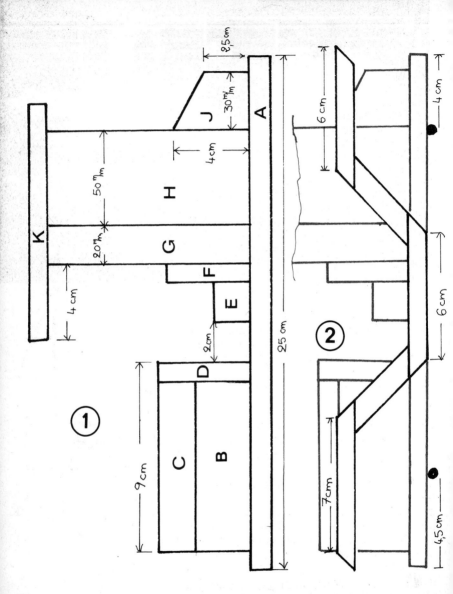

① ②

● Les roues, de 7 cm de diamètre, sont coupées dans de la volige.

Elles sont montées selon la technique habituelle avec 2 ou 3 pontets à 4,5 cm de l'avant et à 4 cm de l'arrière, directement sous le châssis A (2).

La voiture est maintenant sur roues. Il ne reste plus que les accessoires.

● Les phares sont des morceaux de tourillon de 15 mm de diamètre, de 3 cm de long. Sur la coupe, clouer un clou tapissier au centre d'une cuvette de vis.

Coller ces phares sur les ailes avant, en plein milieu.

● Les pare-chocs avant et arrière sont des morceaux de tourillon de 5 mm de diamètre, de 10 cm de long. Les fixer sur le châssis A à chaque extrémité de celui-ci par 2 clous tête d'homme (3).

● Le bouchon de radiateur est un clou tapissier planté à l'avant du moteur.

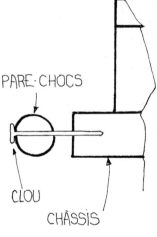

PARE-CHOCS

CLOU

CHÂSSIS

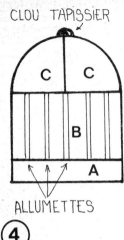

CLOU TAPISSIER

C   C

B

A

ALLUMETTES

④

Le radiateur lui-même est figuré par 5 morceaux d'allumettes de 3 cm de long collés sur l'avant du moteur (4).

● Le pare-brise est en allumettes plantées dans l'épaisseur du tableau de bord D (5).

● Les feux arrière sont 2 chutes de tourillon de 5 mm de diamètre et de 1 cm de long, dont une extrémité est coupée à 45°. Ces feux sont collés sur chaque aile arrière jusqu'à l'extrémité.

● Le volant est une rondelle de manche à balai de 1 cm d'épaisseur. Planter un clou de 3 cm de long en son centre et planter le tout sur le tableau de bord D.

Il ne reste plus qu'à poncer les bavures et décorer à la pyrogravure en s'inspirant de la photo. Vernir.

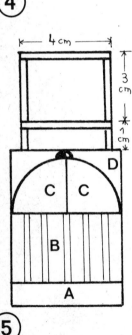

4 cm

3 cm

1 cm

D

C   C

B

A

⑤

LE COUPÉ SPORT « BELLE ÉPOQUE »

Voir sur la photo ci-contre.

MATÉRIEL

● Latte de 30 mm × 50 mm.
● Latte de 20 mm × 50 mm.
● Latte de 10 mm × 30 mm.
● Quart-de-rond de 20 mm de rayon.
● Volige de 10 mm d'épaisseur.
● Tourillon de 5 mm et de 15 mm de diamètre.
● 2 axes de 10 cm de long.
● Matériel pour le montage des roues.
● Clous tapissier et cuvettes de vis de 6 mm de diamètre.

RÉALISATION

● Couper un morceau A de 30 mm × 50 mm,

de 31 cm de long. A l'arrière couper un angle de 45° (1).

● Couper un morceau B de 20 mm × 50 mm, de 18 cm de long. Couper une extrémité avec le même biais que A (2). Rectifier la pente arrière après collage selon le croquis 2.

● Couper un morceau C de 30 mm × 50 mm, de 14 cm de long selon le croquis 3. Coller ce morceau C sur B en alignant avec l'avant de celui-ci (4).

● En butée sur B, coller sur A 2 quarts-de-rond D de façon à les aligner avec l'avant de A (4).

● Percer le bloc A de part en part pour faire passer les axes des roues (4). Le trou doit être de diamètre légèrement supérieur à 4 mm.

Pour être certain de percer bien droit, si l'on ne dispose pas d'une perceuse sur colonne, procéder comme suit :

repérer l'emplacement du percement sur chaque face avec le maximum d'exactitude,

percer par un côté à environ 1 cm en plus que la moitié de la longueur de la pièce,

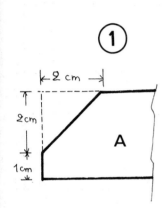

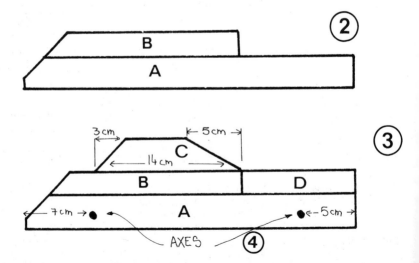

recommencer le percement ensuite par l'autre côté.

Ce truc permet (même si les trous ne sont pas exactement dans le prolongement l'un de l'autre) d'obtenir des sorties aux dimensions souhaitées, l'axe trouvant toujours sa place (5).

● Les roues, de 7 cm de diamètre, sont découpées dans de la volige.

Enfiler les 2 tiges filetées dans les trous prévus pour les axes. Les maintenir en place par un écrou de chaque côté, bien serré contre A.

Enfiler les roues sur les tiges et les maintenir par un écrou. Attention, il faut laisser un certain jeu pour que les roues tournent facilement.

● Les ailes, éléments prépondérants dans ce véhicule, sont réalisées avec une latte de 10 mm × 30 mm.

Couper en double les morceaux E, F, G, H et J selon les indications du croquis 6. Toutes les coupes sont à 45°.

● Ces différentes pièces se montent selon le croquis 7 (page 58), après avoir mis une roue en position pour vérifier qu'elle ne frotte pas sur les ailes. Commencer par E dont l'avant est aligné avec l'avant de B.

Attention, la partie J de l'aile avant ne prenant pas appui sur le corps du véhicule ne peut se coller que sur la tranche de G, ce qui n'est guère facile, ni solide. Aussi, pour pallier cet inconvénient, on placera à l'avant un petit support. C'est une allumette enfoncée dans les quarts-de-rond D, dans un trou pratiqué avec un clou. Placer ce support de telle façon que J soit horizontal, dans le prolongement de H (l'aile arrière). Coller (8).

● Les pare-chocs sont des tourillons de 5 mm de diamètre, de 9 cm de long. Ils sont plantés à l'avant et à l'arrière par 2 clous de 25 mm de long (comme pour la voiture de maître, voir page 53).

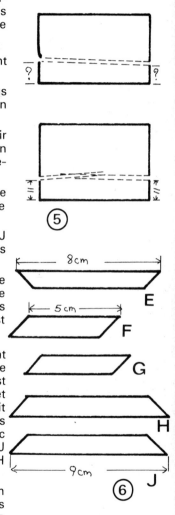

57

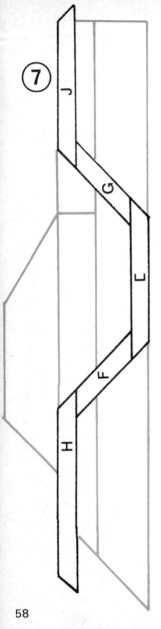

⑦

J

G

E

F

H

● Les phares sont des morceaux de tourillon de 3 cm de long, de 15 mm de diamètre. Les couper à 45° à une extrémité. Sur cette coupe planter un clou tapissier en laiton au milieu d'une cuvette de vis.

● Le bouchon de radiateur est un clou tapissier.

● Le radiateur est indiqué par 4 ou 5 allumettes de 4 cm de long collées verticalement et régulièrement espacées sur l'avant du moteur (8).

Il ne reste plus qu'à poncer les bavures et à décorer en s'inspirant de la photo, avant de vernir.

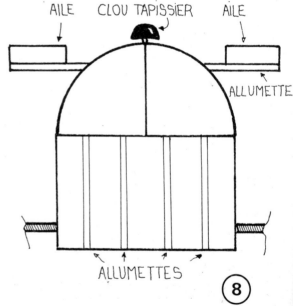

AILE   CLOU TAPISSIER   AILE

ALLUMETTE

ALLUMETTES

⑧

les bateaux

LA PÉNICHE

Voir sur la photo page 43.

MATÉRIEL

● Une latte de 30 mm × 50 mm, de 38 cm de long : A.

● Une latte de 10 mm × 50 mm, de même longueur : B.

● Une latte de 10 mm × 40 mm, de 11 cm de long : C.

● Une latte de 10 mm × 30 mm, de 8 cm de long (D) et une autre de 6 cm (F).

● Un morceau de latte de 20 mm × 20 mm, de 4 cm de long : E.

● 2 baguettes demi-rond de 20 mm de diamètre et de 22 cm de long.

● Un morceau de baguette de balsa de 2 mm de diamètre et de 10 cm de long (ou une petite baguette bien droite de même taille).

● 2 clous tête d'homme de 30 mm de long.

● 1 piton fermé de 1 cm de diamètre.

RÉALISATION

● Couper une extrémité de la pièce A à 45°. Couper l'autre extrémité dans l'autre sens, en pointe, selon un angle de 90° (1).

● Couper une extrémité de la pièce B selon le même angle en pointe et coller sur A (2).

La coque est terminée.

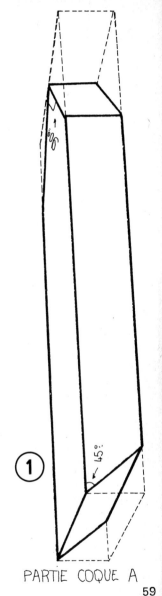

PARTIE COQUE A

59

● Le château (c'est-à-dire les cabines et le poste de commandement) est situé à l'arrière.

Le château est constitué par l'empilage des pièces C, D, E et F collées comme indiqué au croquis 2. C'est la pièce E qui constitue la cabine proprement dite, avec F en guise de toit.

● Les couvercles des cales de la péniche sont représentés par 2 demi-ronds collés sur le pont du bateau, et centrés entre la pointe et le château.

● A l'avant, planter la fine baguette de balsa qui figure le mât. Pour la fixer facilement, enfoncer de 5 mm environ un clou de même diamètre, l'enlever, et poser le mât dans ce trou avec un point de colle.

● Equiper le château d'une antenne (faite d'un clou tête d'homme) et d'un anneau radar (figuré par le piton fermé).

● Ajouter à l'arrière un petit mât pour le pavillon. C'est un clou tête d'homme enfoncé de biais juste au centre du haut de la coque.

● Décorer de hublots après avoir poncé. Vernir l'ensemble.

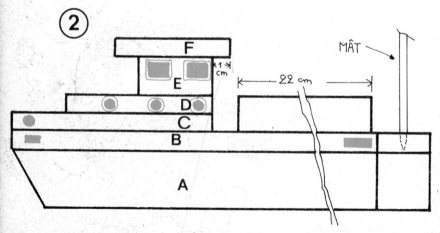

VUE DE PROFIL

VUE DE DESSUS

ALLUMETTE OU BRANCHE

VUE DE FACE

LE CARGO

Voir sur la photo page 43.

MATÉRIEL

● Un chevron de 30 mm × 50 mm, de 40 cm de long : A.

● Un chevron de 20 mm × 50 mm, de 8 cm de long : B.

● Un chevron de 20 mm × 40 mm, de 9 cm de long (C) et un de 4 cm de long (D).

● Des petites chutes de différentes tailles.

● Du tourillon de 5 mm de diamètre.

● 3 allumettes (ou baguettes balsa 2 mm × 2 mm) ou une branche de 2 à 3 mm de diamètre environ.

● 2 clous tête d'homme de 30 mm de long.

● Un piton de 1 cm de diamètre.

RÉALISATION

● La pièce A constitue la coque. L'arrière est coupé à 45°, l'avant en pointe selon les croquis 1 et 1 bis.

● Couper sur la pièce B à l'avant la même pointe que sur A. L'arrière est coupé à 45° selon le croquis 2 page 64.

● Les infrastructures sont constituées par les pièces C, D et E collées comme indiqué sur le croquis 2.

● Devant les infrastructures, les mâts de chargement sont 2 morceaux de tourillon de 5 mm de diamètre et de 8 cm de long. Les planter dans des trous de 5 mm (ou 4 mm si l'on taille en pointe l'extrémité du mât devant pénétrer), à 7 cm des infrastructures et à 5 mm de chaque bord (3).

Les sommets de ces 2 mâts sont reliés par une allumette. Une autre allumette (ou une fine branche plus longue) est collée 1 cm plus bas (3).

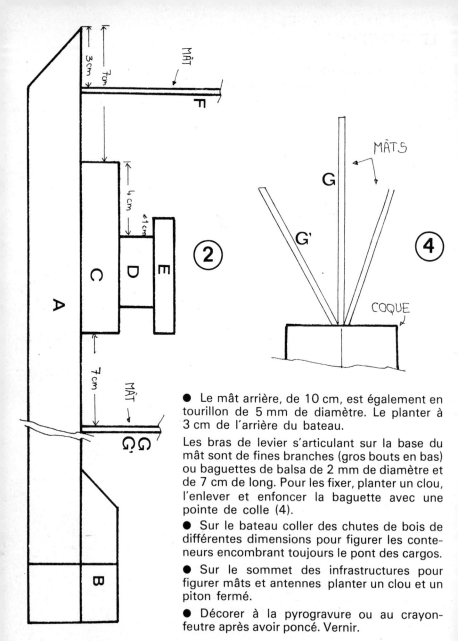

MÂT

F

② A C D E ←1 cm← 4 cm 3 cm 7 cm

MÂT

G G'

B

7 cm

④ MÂTS

G

G'

COQUE

● Le mât arrière, de 10 cm, est également en tourillon de 5 mm de diamètre. Le planter à 3 cm de l'arrière du bateau.

Les bras de levier s'articulant sur la base du mât sont de fines branches (gros bouts en bas) ou baguettes de balsa de 2 mm de diamètre et de 7 cm de long. Pour les fixer, planter un clou, l'enlever et enfoncer la baguette avec une pointe de colle (4).

● Sur le bateau coller des chutes de bois de différentes dimensions pour figurer les conteneurs encombrant toujours le pont des cargos.

● Sur le sommet des infrastructures pour figurer mâts et antennes planter un clou et un piton fermé.

● Décorer à la pyrogravure ou au crayon-feutre après avoir poncé. Vernir.

LE CROISEUR

Voir sur la photo page 67.

Ce bateau est en proportion avec la vedette garde-côte et le porte-avions.

MATÉRIEL

● Une latte de 40 mm × 25 mm, de 75 cm de long : A.

● Une latte de 50 mm × 10 mm, de 48 cm de long : B.

● Une latte de 40 mm × 10 mm, de 36 cm de long (C), une autre de 29 cm de long (E), et une 3ème de 7 cm de long (F).

● Une latte de 15 mm × 15 mm.

● De la volige de 10 mm × 100 mm.

● Des petites chutes de différentes dimensions.

● Du tourillon de 15 mm de diamètre.

● Des allumettes.

● Un piton fermé de 1 cm de diamètre.

● Quelques petits clous de laiton.

RÉALISATION

LE CROISEUR

● La pièce A forme la coque. L'arrière est coupé à 45° (1), l'avant en pointe effilée selon le croquis 1 bis. Couper à nouveau la pointe de l'avant mais verticalement cette fois pour obtenir une étrave en pente (2).

● Coller le morceau B sur A en centrant dans la largeur et en situant l'extrémité arrière à 7 cm de l'arrière de la coque (3 page 66).

● Dans de la volige couper D qui a 7 cm de long. A défaut de volige coller côte à côte 2 morceaux de latte de 50 mm × 10 mm de 7 cm de long pour former à l'arrière la plate-forme porte-hélicoptères.

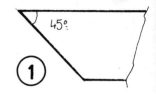

PROFIL ARRIÈRE

VUE DE DESSUS AVANT

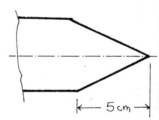

PROFIL AVANT

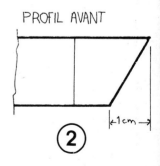

65

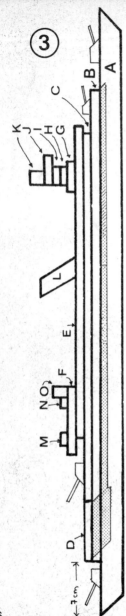

Coller cette plate-forme bien centrée sur B en alignant avec son extrémité (3).

● Coller la pièce C centrée sur B et en butée sur D.

● Coller E sur C en retrait de 8 cm à partir de l'arrière.

● Coller F qui, au contraire, déborde E à l'arrière sur 2 cm.

● A l'avant les infrastructures sont un empilage de 5 petits morceaux de bois soit :

G : une rondelle de tringle à rideau épaisse de 1 cm.

H : un morceau de 10 mm × 20 mm, de 4 cm de long.

I : un morceau de 10 mm × 20 mm, de 2 cm de long.

J : un morceau de 10 mm × 20 mm, de 3 cm de long.

K : un morceau de 15 mm × 15 mm, de 2 cm, collé verticalement (croquis 4 et 4 bis page 68).

● La cheminée L (3) est un morceau de tourillon de 4 cm de long coupé à 45° à chaque extrémité selon le croquis 5.

● Placer aussi quelques infrastructures à l'arrière. Ce sont également des chutes, soit :

M : un morceau de 20 mm × 10 mm, de 25 mm de long.

N : un morceau de 10 mm × 10 mm, de 15 mm de long.

O : un morceau de 10 mm × 20 mm, de 15 mm de long.

Ces morceaux seront collés, centrés dans le sens de la largeur, en s'aidant du croquis 3 et de la photo.

● Les tourelles des canons sont des morceaux de latte de 15 mm × 15 mm, dont une extrémité est coupée à 45°. Leur longueur est de 2,5 cm (6).

La tourelle de l'avant est plus longue (3 ou 3,5 cm).

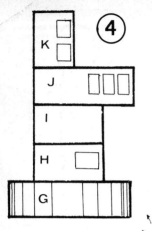

④

K

J

I

H

G

VUE DE CÔTÉ

VUE DE DESSUS

④Bis

G

H   K   H

J

Dans chaque tourelle planter une allumette pour figurer le canon.

Ces tourelles sont collées, mais on peut les faire (très facilement) pivotantes en procédant comme suit : les tourelles étant taillées dans une baguette de 15 mm × 15 mm prendre un clou de 30 mm de long, et percer un trou verticalement dans la tourelle (pour percer ce trou utiliser une mèche d'un diamètre légèrement supérieur au diamètre du clou, ou simplement un clou d'un diamètre supérieur que l'on enlèvera après avoir transpercé la tourelle). Poser la tourelle à l'endroit désiré et enfoncer le clou de façon à ne laisser que très peu de jeu : la tourelle tournera sur le clou en raison du trou légèrement plus large. Pour parfaire le travail, on peut placer une rondelle sous la tourelle, ce qui aide à la faire pivoter (7).

● Poncer et décorer à la pyrogravure en ne dessinant que les hublots et les chiffres d'immatriculation.

● Agrémenter d'antennes et de mâts radio et radar faits avec des petits clous et le piton fermé de 1 cm de diamètre.

● Vernir l'ensemble.

● Sur la plate-forme porte-hélicoptères, poser l'hélicoptère dont la description est donnée ci-dessous.

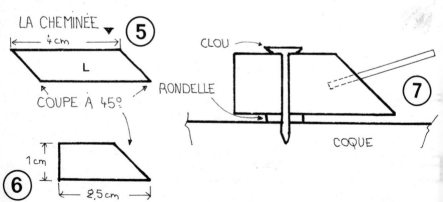

LA CHEMINÉE ⑤

4 cm

L

COUPE À 45°

1 cm

2,5 cm

⑥

CLOU

RONDELLE

COQUE

⑦

L'HÉLICOPTÈRE

Il est réalisé à l'aide d'une pince à linge, d'allumettes, et de petites baguettes de balsa.

● Démonter une pince à linge en bois (ôter le petit système en fer) et coller les 2 parties ensemble (1).

● Coller en travers, aux endroits indiqués, 2 allumettes coupées à 3 cm de long. Elles figurent les traverses des patins.

● Les 2 patins sur lesquels se pose l'hélicoptère sont réalisés avec 4 allumettes collées ensemble pour former un bloc de 4 cm de long (2).

Après séchage, coller ces 2 patins sous les traverses collées précédemment (3).

● Le rotor est un morceau de tourillon de 1 cm de diamètre et de 1 cm de haut. A défaut utiliser 4 allumettes collées ensemble comme pour les patins.

● L'hélice est réalisée avec des baguettes de balsa de 2 mm × 2 mm, de 7 cm de long (2 morceaux collés en croix).

Elle peut aussi être réalisée avec des fines lamelles de bois coupées dans du bois de boîte à fromage, ou avec 2 allumettes collées à mi-bois pour obtenir les 7 cm de longueur (4). Tailler 2 biseaux selon le croquis et coller. Attendre le séchage avant de manipuler.

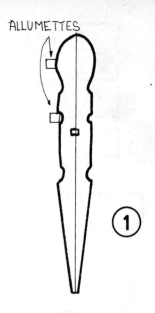

ALLUMETTES

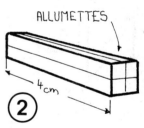

ALLUMETTES

4 cm

②

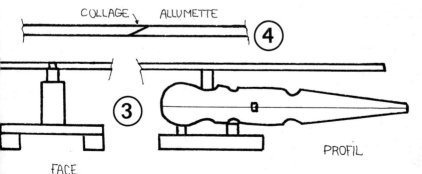

COLLAGE   ALLUMETTE

④

③

FACE

PROFIL

LE PORTE-AVIONS ET SES AVIONS

Voir sur la photo page 51.

MATÉRIEL

● Une latte de 30 mm × 40 mm, de 70 cm de long : A.

● Une latte de 20 mm × 20 mm, de 60 cm de long : B.

● De la volige à découper ultérieurement.

● Une latte de 30 mm × 10 mm, également à découper selon le travail.

● Des chutes de différentes dimensions.

● Allumettes, clous tête d'homme et piton fermé.

RÉALISATION

LE PORTE-AVIONS

● Couper une extrémité du morceau A à 45° environ. Couper l'autre extrémité en pointe (voir les croquis 1 et 1 bis). Recouper ensuite la base de l'avant en biais selon les croquis 2 et 2 bis.

● Coller le morceau B sur la pièce A déjà réalisée. Le placer bien centré à 5 mm de l'arrière (3 page 73). Ces 2 morceaux forment la coque.

● Le pont est formé par 3 morceaux de bois. Il ne sera collé sur la coque qu'après assemblage des 3 morceaux entre eux.

Couper une volige de 70 cm de long (C 1).

Couper un morceau de 30 mm × 10 mm, de 26 cm de long (C 2).

Couper un second morceau de 30 mm × 10 mm, de 38 cm de long (C 3). Couper une extrémité à 45°.

Assembler en collant sur une surface plane selon le croquis 4 page 73.

● Une fois ce pont bien sec, le coller en centrant sur la partie B de la coque, le pont

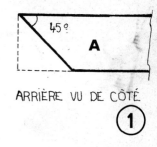

ARRIÈRE VU DE CÔTÉ

①

AVANT VU DE DESSUS

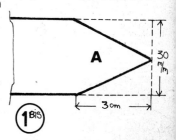

①BIS

AVANT VU DE CÔTÉ ②

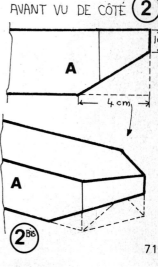

②BIS

71

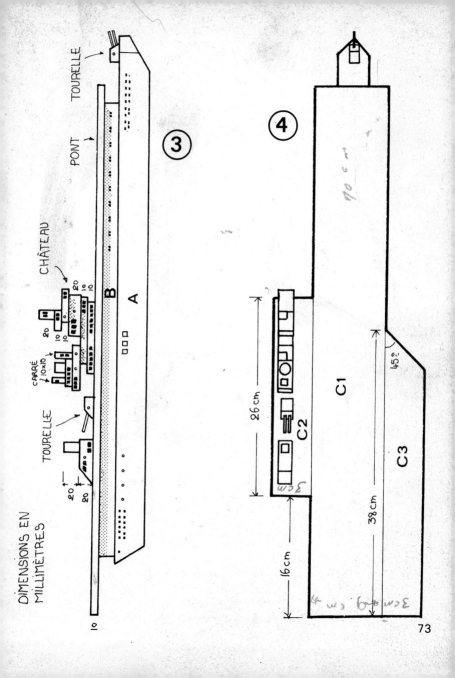

DIMENSIONS EN MILLIMÈTRES

③

TOURELLE

PONT

CHÂTEAU

TOURELLE

20
20
10
20
CARRÉ 10×10
10
10
20

B
A

④

90 cm

26 cm
16 cm
3 cm
38 cm
45°
3 cm et 4 cm

C1
C2
C3

73

dépasse celle-ci à l'avant d'une longueur de 3 cm.

● Il ne reste plus que le « château », c'est-à-dire les infrastructures du bâtiment, à réaliser (3).

C'est un empilage de 7 à 8 cm de haut de chutes de lattes de 10 mm × 20 mm, 10 mm × 10 mm, 10 mm × 15 mm et 10 mm × 30 mm, qu'il est très complexe de décrire, d'autant plus que cette construction n'est pas particulière. Seule est à respecter la proportion par rapport au reste du bâtiment.

Pour le réaliser s'inspirer du croquis 3 et de la photo.

● Equiper ce porte-avions de 2 tourelles de canons. Ce sont des chutes de lattes de 15 mm × 15 mm, dont une extrémité est coupée à 45° (5). Planter 2 allumettes pour former les canons.

● Poncer l'ensemble et décorer en s'inspirant de la photo. Vernir.

Sur ce porte-avions, comme son nom l'indique, il doit y avoir des avions.

Voici comment les réaliser de façon très simple avec du bois de boîte à fromage et une demi-pince à linge en bois.

LE PETIT AVION

● Couper la demi-pince à linge à l'emplacement indiqué au croquis 1. C'est la carlingue.

● Dans le bois de la boîte à fromage couper les ailes avant en un seul morceau à l'aide d'un Cutter, selon le croquis 2.

● Procéder de même pour l'aileron et la queue (croquis 3 et 4).

Terminer au papier de verre.

● Coller selon le croquis 5 en centrant bien l'aile et l'aileron arrière.

● Avec 2 morceaux d'allumette figurer le train

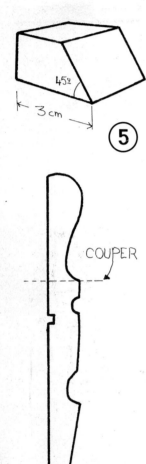

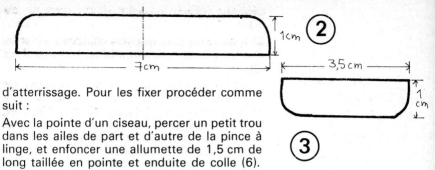

d'atterrissage. Pour les fixer procéder comme suit :

Avec la pointe d'un ciseau, percer un petit trou dans les ailes de part et d'autre de la pince à linge, et enfoncer une allumette de 1,5 cm de long taillée en pointe et enduite de colle (6).

● Un morceau d'allumette de 3 cm de long collé à l'avant fera l'hélice.

● Décorer de cocardes à la pyrogravure après avoir poncé les bavures. Vernir.

Fabriquer plusieurs avions selon le même procédé.

On peut aussi placer sur la plate-forme du porte-avions un (ou plusieurs) hélicoptère réalisé (également en pinces à linge) comme indiqué page 69.

QUEUE

PINCE À LINGE

AILE

AILERON

ALLUMETTES

LA VEDETTE GARDE-COTE

Ce bateau est en proportion par rapport à la péniche précédente.

MATÉRIEL

- Une latte de 30 mm × 40 mm, de 24 cm de long : A.
- Une latte de 30 mm × 40 mm, de 5 cm de long : B.
- Une latte de 20 mm × 20 mm, de 8 cm de long : C.
- Quelques petites chutes de lattes.
- Des petits clous dorés.
- Un piton fermé de 1 cm de diamètre.
- Des allumettes.

RÉALISATION

- La coque est faite avec la pièce A dont l'arrière est coupé à 45°.

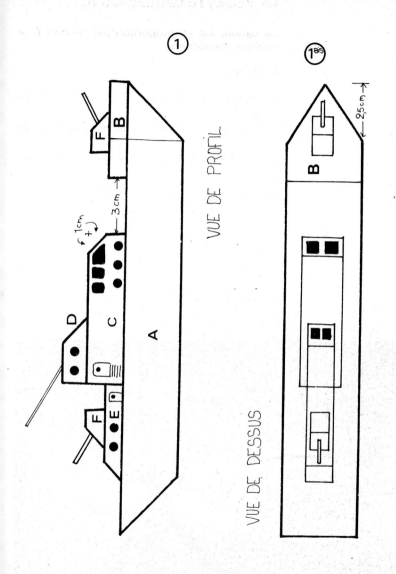

① VUE DE PROFIL

1 bis VUE DE DESSUS

3 cm

1 cm

2,5 cm

A B C D E F

L'avant est coupé en pointe selon le croquis 1 bis (vue de dessus). Une fois cet angle exécuté, couper l'étrave de biais à 45° selon la vue de profil 1 (page 77).

● Couper la pièce B avec la même pointe que la coque A. Coller à la pointe de la coque et rectifier si nécessaire afin que les 2 pointes coïncident bien.

● A une extrémité du carré C, l'avant, pratiquer un pan coupé selon le croquis 1 (vue de profil). Coller cette cabine C sur le pont, l'avant à 3 cm de B.

● Sur ce morceau coller à plat une chute de latte D de 10 mm × 20 mm et de 3,5 cm de long, dont l'extrémité avant est coupée à 45°. Faire coïncider l'arrière de cette pièce avec l'arrière de C.

● Couper E en 20 mm × 10 mm, une extrémité à 45° ; la plus grande longueur mesure 5 cm. Coller ce morceau sur le pont arrière, bien centré et en butée sur C.

● Les tourelles des canons (F) avant et arrière sont des chutes de baguettes de 10 mm × 10 mm, dont une face est coupée à 45°.

Les canons sont faits avec des morceaux d'allumettes de 2 cm.

● Poncer et décorer selon les croquis et la photo.

● Les rambardes du bastingage sont des petits clous en laiton à tête ronde, plantés à intervalles réguliers.

● Le radar au sommet du bateau est un piton de laiton fermé de 1 cm de diamètre. On peut mettre un petit canon (morceau d'allumette de 1 cm de long) derrière le radeau.

les avions

L'AVION DE TOURISME

Voir sur la photo page 63.

Cet avion peut être au choix un jouet de belle dimension ou une maquette d'exposition. Sa réalisation est relativement simple.

MATÉRIEL

- Un chevron de 30 mm × 50 mm, de 20 cm de long : A.
- 2 morceaux de quart-de-rond de 20 mm de rayon, de 30 cm de long : B.
- 2 lattes de 50 mm × 10 mm, de 22 cm de long (C) et une de 15 cm de long (E).
- 2 lattes de 40 mm × 10 mm, de 22 cm de long : D.
- Latte de 10 mm × 20 mm.
- 2 roues de 35 mm de diamètre et de 1 cm d'épaisseur.
- De la tige filetée.
- 3 écrous borgnes et 5 écrous ordinaires.

RÉALISATION

- Couper les angles du morceau A selon le croquis 1. Cette partie constitue le corps de l'avion.
- Coller ensemble les 2 quarts-de-rond B. Couper chaque extrémité de biais à 45° environ (parallèlement) selon le croquis 2. Cette partie constitue la cabine et l'empennage.

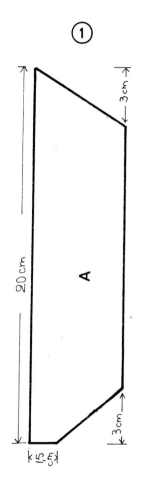

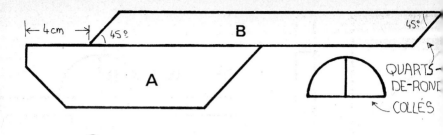

4 cm — 45° — B — 45°

A

QUARTS-DE-ROND COLLÉS

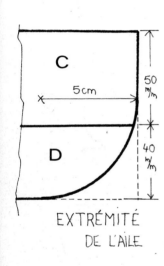

②

C

5 cm

50 m/m

D

40 m/m

EXTRÉMITÉ DE L'AILE

③

Coller sur A à 4 cm de l'avant (2).

● Réaliser les ailes. Elles sont bien sûr identiques et l'on exécutera en double le modèle suivant :

assembler entre elles une pièce C et une pièce D par la tranche de façon à obtenir une aile de 22 cm × 9 cm,

arrondir une extrémité selon un cercle de 5 cm de rayon (3).

● Après séchage, coller les ailes en appui sous B et sur A, à 8 cm du nez de l'avion (4).

● Découper l'aileron arrière dans la pièce E, selon le croquis 5. Le coller sous l'empennage (partie B) à l'arrière, en alignant la base B avec le creux arrière de l'aileron (7).

● Couper la dérive en 50 mm × 10 mm selon le croquis 6. La coller à l'arrière de l'appareil. Pour coller plus facilement sur le dessus arrondi, passer un coup de râpe pour obtenir une surface plane donnant plus d'assise à la dérive et faciliter le collage (7).

● L'hélice est un morceau de latte de 10 mm × 20 mm, de 13 cm de long. La découper selon le croquis 8. Pour donner un galbe hélicoïdal, donner à la râpe un biais inversé sur la partie droite par rapport à la partie gauche (voir croquis).

● Percer le centre (comme pour les roues) d'un trou légèrement supérieur à 4 mm (diamètre de la tige filetée). Percer aussi le nez de l'avion (7) sur 1 à 1,5 cm.

L'axe mesure 4 cm de long environ. L'enfoncer, enduit de colle, dans le nez de l'avion.

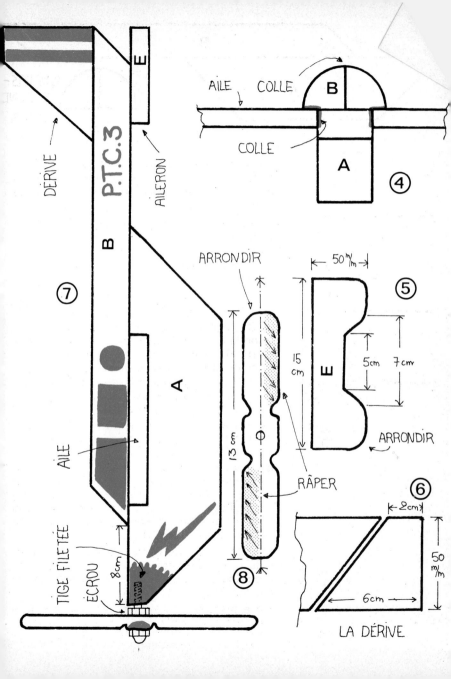

DÉRIVE

P.T.C.3

AILERON

B

⑦

A

AILE

TIGE FILETÉE

ÉCROU

8 cm

E

AILE COLLE

B

COLLE

A

④

ARRONDIR

⑤

← 50 m/m →

E

15 cm

5 cm

7 cm

ARRONDIR

13 cm

RÂPER

⑥

⑧

← 2 cm →

50 m/m

6 cm

LA DÉRIVE

Monter l'hélice comme les roues de voiture, c'est-à-dire avec un écrou ordinaire et un écrou borgne (7).

● La partie la plus délicate à réaliser est le train d'atterrissage. En fait il y a 2 trains (un droit, un gauche) identiques.

Pour chaque train couper 2 baguettes F de 10 mm × 10 mm, de 6 cm de long, à 45° parallèlement à chaque extrémité (9), couper un morceau de baguette G de 10 mm × 20 mm, de 4 cm de long. Coller sur G (en renforçant par une petite pointe) les 2 baguettes F (10).

● Après séchage, fixer sur le bas de la carlingue avec de la colle et une petite pointe. Aligner l'avant du train avec le bord de l'aile (11).

● Il ne reste plus qu'à placer les roues. Celles-ci se montent pratiquement comme celles des voitures avec un axe de 3 cm de long et des écrous (voir le schéma de montage au croquis 12). Laisser un certain jeu afin que les roues tournent librement.

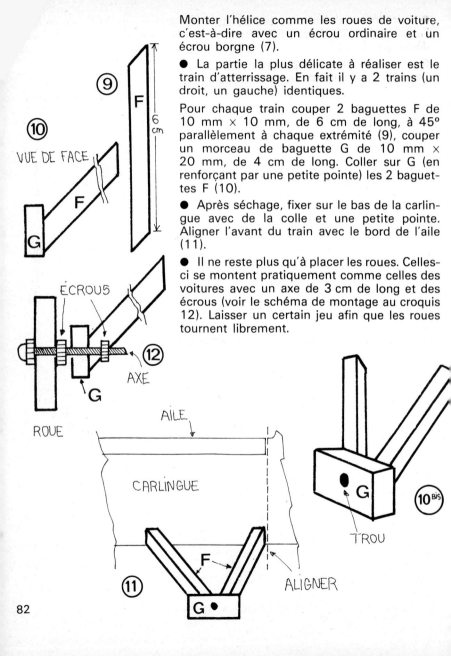

● L'antenne est un clou planté de biais à l'avant de l'habitacle, et relié à l'extrémité de la dérive par un fil.

● Il ne reste plus qu'à poncer et à décorer en s'inspirant de la photo. Vernir l'ensemble.

L'HÉLICOPTÈRE

Voir sur la photo page 70.

C'est un gros hélicoptère du type transport de troupe, de belle dimension mais hors proportion avec les avions proposés ici.

MATÉRIEL

● Une latte de 30 mm × 50 mm, de 19 cm de long : A.

● Une latte de 30 mm × 10 mm, de 29 cm de long : B.

● Une latte de 20 mm × 20 mm, de 28 cm de long : C.

● 2 lattes de 10 mm × 10 mm, de 46 cm de long : E.

● Quelques chutes de lattes.

● 3 roues de 35 mm de diamètre.

● Tige filetée.

● 8 écrous borgnes et 2 ordinaires.

RÉALISATION

● Couper la pièce A selon le croquis 1. Ce morceau constitue la partie inférieure de l'hélicoptère.

● Couper la pièce B à 45° à chaque extrémité (2 page 84). Coller sur A en alignant à l'avant.

● Couper C à 45° à chaque extrémité. Coller sur B en alignant avec l'arrière. rectifier le biais (XX') après séchage de la colle (2). Centrer en largeur.

● Couper un morceau D de 15 mm × 15 mm,

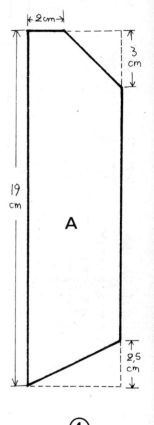

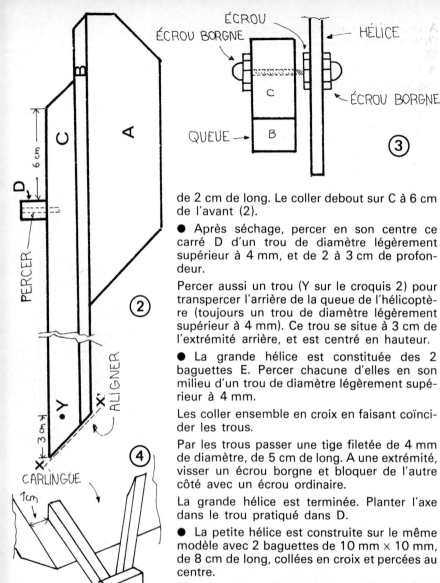

ÉCROU BORGNE

ÉCROU

HÉLICE

C

QUEUE →

B

ÉCROU BORGNE

③

D

PERCER

6 cm

C

B

A

②

ALIGNER

Y

X

3 cm

X

CARLINGUE

1 cm

④

TRAIN →

84

de 2 cm de long. Le coller debout sur C à 6 cm de l'avant (2).

● Après séchage, percer en son centre ce carré D d'un trou de diamètre légèrement supérieur à 4 mm, et de 2 à 3 cm de profondeur.

Percer aussi un trou (Y sur le croquis 2) pour transpercer l'arrière de la queue de l'hélicoptère (toujours un trou de diamètre légèrement supérieur à 4 mm). Ce trou se situe à 3 cm de l'extrémité arrière, et est centré en hauteur.

● La grande hélice est constituée des 2 baguettes E. Percer chacune d'elles en son milieu d'un trou de diamètre légèrement supérieur à 4 mm.

Les coller ensemble en croix en faisant coïncider les trous.

Par les trous passer une tige filetée de 4 mm de diamètre, de 5 cm de long. A une extrémité, visser un écrou borgne et bloquer de l'autre côté avec un écrou ordinaire.

La grande hélice est terminée. Planter l'axe dans le trou pratiqué dans D.

● La petite hélice est construite sur le même modèle avec 2 baguettes de 10 mm × 10 mm, de 8 cm de long, collées en croix et percées au centre.

L'axe de 4 mm de diamètre, de 6 cm de long, transperce l'arrière de la queue par le trou pratiqué à cet effet.

A chaque extrémité visser un écrou borgne, l'hélice étant bloquée par un écrou ordinaire (3).

● Le train d'atterrissage est du même modèle que celui de l'avion page 82. Un train d'atterrissage est fixé de chaque côté de l'étage inférieur (A) selon le croquis 4.

● A l'avant, fixer une 3ème roue dans une fourche constituée de 2 morceaux de 10 mm × 10 mm dont une extrémité est coupée à 45°. Chaque fourche mesure 3 cm.

Aux extrémités coupées à 45° percer un trou de diamètre légèrement supérieur à 4 mm (5).

Enfiler la roue sur un axe de 4,5 cm de long. Monter selon le croquis 6.

● Coller ce train à l'avant selon le croquis 7 en jouant de telle façon que l'hélicoptère soit à peu près horizontal. Dans l'exemple présenté, cette roue est collée à 5 mm au bas de l'appareil.

● Poncer au papier de verre et décorer selon la photo à la pyrogravure ou au crayon-feutre. Vernir.

Cet hélicoptère roule et les hélices tournent, ce qui constitue un jouet amusant pour les enfants.

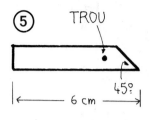

⑤ TROU

45°

6 cm

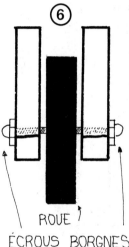

⑥

ROUE

ÉCROUS BORGNES

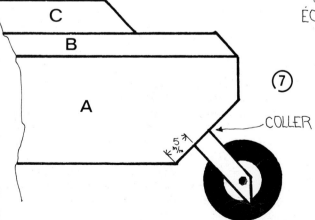

C

B

A

⑦

COLLER

5 m/m

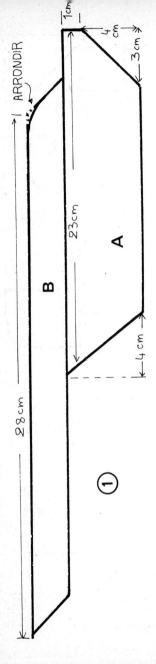

L'HYDRAVION

Voir sur la photo page 61.

MATÉRIEL

● Une latte de 30 mm × 50 mm, de 23 cm de long : A.

● Une latte de 20 mm × 20 mm, de 28 cm de long : B.

● 2 lattes de 50 mm × 10 mm, de 45 cm de long : C.

● 2 lattes de 30 mm × 10 mm, de 45 cm de long : D.

● Du quart-de-rond de 10 mm de rayon.

● Du demi-rond de 20 mm de diamètre.

● Des chutes de lattes de 15 mm × 15 mm et de 10 mm × 10 mm.

● Quelques chutes de différentes tailles, le tout à couper ultérieurement.

● 4 clous de 35 mm de long.

● 8 petites rondelles.

RÉALISATION

● Couper la pièce A selon les indications du croquis 1.

● Couper également B à 45° à chaque extrémité et parallèlement. Arrondir l'extrémité avant.

Coller B sur A à 2,5 cm de l'extrémité qui forme le nez de l'appareil (1). Cet assemblage forme le fuselage.

● La queue arrière est réalisée avec une dérive coupée dans une latte de 30 mm selon le croquis 2, et 2 ailerons coupés dans une latte de 30 mm selon le croquis 3.

Coller l'ensemble en alignant avec l'extrémité arrière de la pièce B (4).

● Les 2 ailes sont ici en un seul morceau. La largeur est de 9 cm. Coller côte à côte les lattes C et D permettant d'obtenir cette largeur. Arrondir les extrémités (5).

Coller cette aile, en la centrant, sur le dessus de la carlingue en retrait de 3 cm environ du sommet de l'avion (6).

● Les flotteurs sont des morceaux de latte de 15 mm × 15 mm, de 9 cm de long, coupés à 45° à chaque extrémité. Ils sont reliés à l'aile par 2 montants de 6 cm de long coupés dans une latte de 10 mm × 10 mm. Attention, vérifier la longueur exacte de ces montants en posant l'avion sur une surface plane (7 page 88).

Ces 2 morceaux sont collés sur le flotteur et sous l'aile (8) en centrant dans le sens de la largeur. Dans le sens de la longueur, chaque

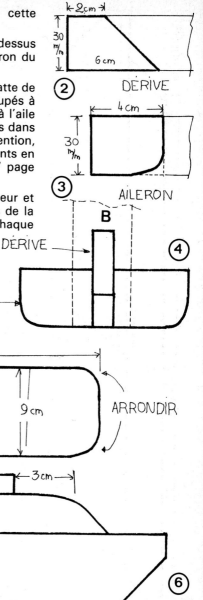

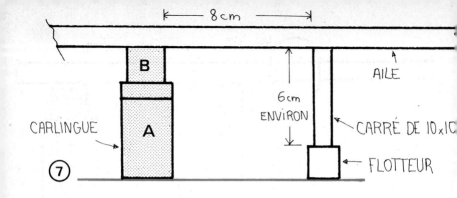

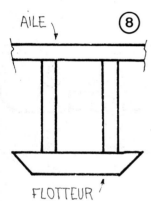

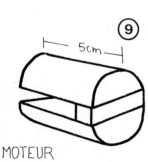

flotteur est à environ 8 cm de chaque côté de la carlingue (7).

● Les moteurs, au nombre de 4, sont réalisés de la façon suivante :

pour chaque moteur couper 2 demi-ronds de 20 mm de diamètre, de 5 cm de long,

couper une latte de 10 mm × 10 mm, de 20 mm de long,

coller comme indiqué au croquis 9 et emboîter en collant sur l'aile selon le croquis 10.

● Sur ces moteurs fixer des hélices à 4 pales.

LES HÉLICES

C'est la seule partie un peu délicate à réaliser. Elles sont construites d'après le principe ci-dessous, qui sera repris pour l'avion suivant :

● Couper 2 morceaux de baguette de 10 mm × 10 mm, de 5,5 cm de long.

● Les assembler en croix à mi-bois avec de la colle. Pratiquer l'entaille à la râpe (11). Percer un trou de 3 mm environ avec une petite mèche (12).

● Pour donner l'aspect hélicoïdal de l'hélice, à la râpe (ou au Standley ou encore à la ponceuse fixée sur un support) affiner la pièce en biais en inversant ce biais sur chacun des 2 morceaux collés en croix (13).

88

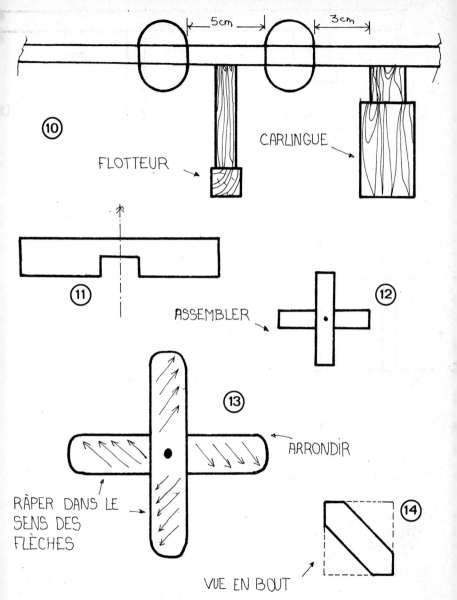

⑩

5cm   3cm

FLOTTEUR

CARLINGUE

⑪

⑫

ASSEMBLER

⑬

ARRONDIR

RÂPER DANS LE
SENS DES
FLÈCHES

⑭

VUE EN BOUT

89

Retourner l'hélice et râper la seconde face de la même façon mais en inversant par rapport à la face déjà râpée (13).

Cette description peut paraître complexe mais en fait chaque pale doit, si on la regarde en bout, présenter l'aspect du croquis 14.

Arrondir les extrémités des pales et percer au centre de la croix.

● Ces hélices sont fixées par un clou dans les moteurs. Ce clou doit être d'un diamètre légèrement inférieur à celui du trou pratiqué au centre, pour permettre à l'hélice de tourner librement.

L'ensemble est monté avec 2 ou 3 rondelles selon le cas pour que l'hélice ne frotte pas sur le moteur (15).

Poncer et décorer en s'inspirant de la photo.

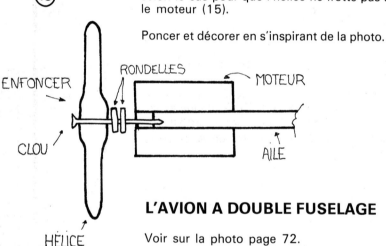

L'AVION A DOUBLE FUSELAGE

Voir sur la photo page 72.

MATÉRIEL

● Une latte de 20 mm × 50 mm, de 18 cm de long : A.

● 2 lattes de 10 mm × 50 mm, de 23 cm de long : C.

● 2 lattes de 10 mm × 40 mm, de 23 cm de long (D) et une de 26 cm de long (E).

● Latte de 20 mm × 20 mm.

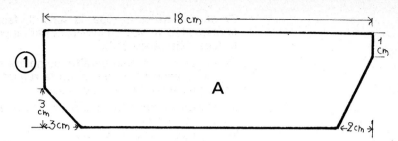

- Demi-rond de 20 mm de diamètre et de 15 mm de diamètre.
- Tourillon de 20 mm de diamètre.
- Quelques chutes de différentes tailles.
- 3 pitons droits à vis de 3 cm de long.
- Clous et rondelles.

RÉALISATION

- Pour la carlingue, couper le morceau A selon le croquis 1.

- Le cockpit B est un morceau de latte de 20 mm × 20 mm, coupé à 45° à chaque extrémité et arrondi à la râpe selon le croquis 2.

Coller B sur A à 2 cm du nez de A, selon le croquis 3.

- Chaque aile est construite séparément.

Assembler côte à côte les lattes C et D pour obtenir une aile de 9 cm de large, et arrondir une extrémité comme pour l'hydravion (voir page 86).

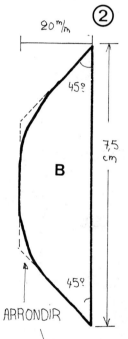

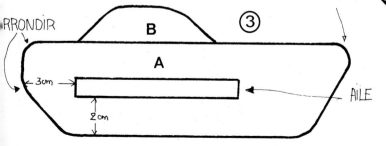

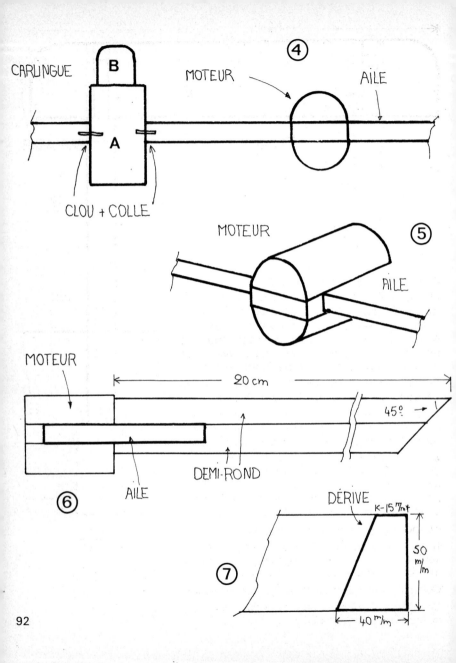

CARLINGUE

④

B

A

MOTEUR

AILE

CLOU + COLLE

⑤

MOTEUR

MOTEUR

AILE

⑥

MOTEUR

20 cm

45°

DEMI-ROND

AILE

⑦

DÉRIVE

K-15 %→

50 m/m

40 m/m

92

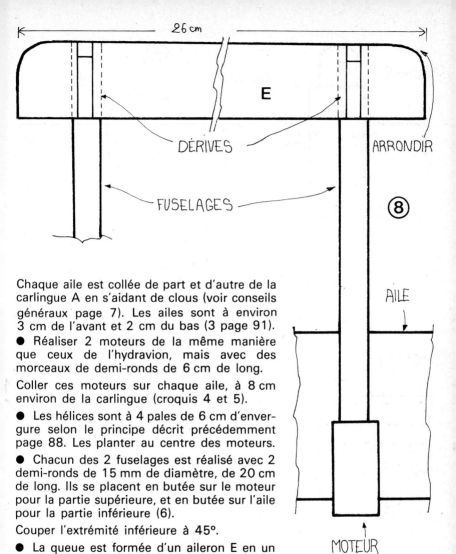

26 cm

E

DÉRIVES

ARRONDIR

FUSELAGES

⑧

AILE

Chaque aile est collée de part et d'autre de la carlingue A en s'aidant de clous (voir conseils généraux page 7). Les ailes sont à environ 3 cm de l'avant et 2 cm du bas (3 page 91).

● Réaliser 2 moteurs de la même manière que ceux de l'hydravion, mais avec des morceaux de demi-ronds de 6 cm de long.

Coller ces moteurs sur chaque aile, à 8 cm environ de la carlingue (croquis 4 et 5).

● Les hélices sont à 4 pales de 6 cm d'envergure selon le principe décrit précédemment page 88. Les planter au centre des moteurs.

● Chacun des 2 fuselages est réalisé avec 2 demi-ronds de 15 mm de diamètre, de 20 cm de long. Ils se placent en butée sur le moteur pour la partie supérieure, et en butée sur l'aile pour la partie inférieure (6).

Couper l'extrémité inférieure à 45°.

● La queue est formée d'un aileron E en un seul morceau et de 2 dérives coupées en 40 mm × 10 mm selon le croquis 7.

Coller l'aileron sur les fuselages en centrant.

Coller les 2 dérives sur l'aileron juste au-dessus des fuselages (8).

MOTEUR

● Les roues sont des rondelles de tourillon de 20 mm de diamètre de 5 mm d'épaisseur. Elles sont montées sur des « jambes » qui ne sont autres que des pitons droits.

Pour le montage procéder comme suit :

avec une mèche du diamètre du piton percer le centre de chaque roue (on peut aussi enfoncer un clou mais on risque de faire éclater le bois),

enfoncer ensuite le piton au marteau dans ce trou (9).

Les 2 roues avant sont vissées sous les moteurs. La roue arrière est vissée dans la carlingue A à un endroit tel que l'avion reste horizontal une fois posé sur ses roues (10).

● Décorer selon la photo ou un document, et vernir.

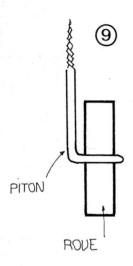

PITON

ROUE

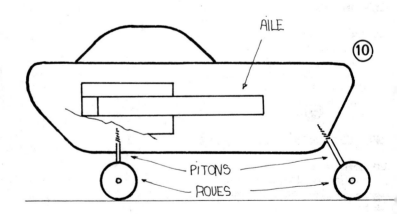

AILE

PITONS

ROUES

table
des matières

© **Editions Fleurus, 1979**

Droits de traduction et de reproduction réservés pou.
tous pays. Toute reproduction, même partielle, de ce
ouvrage est interdite sans l'autorisation préalable de
l'éditeur. Une copie ou reproduction par quelque procéd
que ce soit, photographie, microfilm, bande magnétique
disque ou autre, constitue une contrefaçon passible des
peines prévues par la loi sur la protection des droits d'au
teur.

Imprimè en Italie - CO.P.E.CO - Pero (Milan)

N° d'édition F 79014 - Dépôt légal 1er trimestre 197

ISBN 2-215-00248-4

14984